高效演讲

一开口就打动人心

王志刚　编

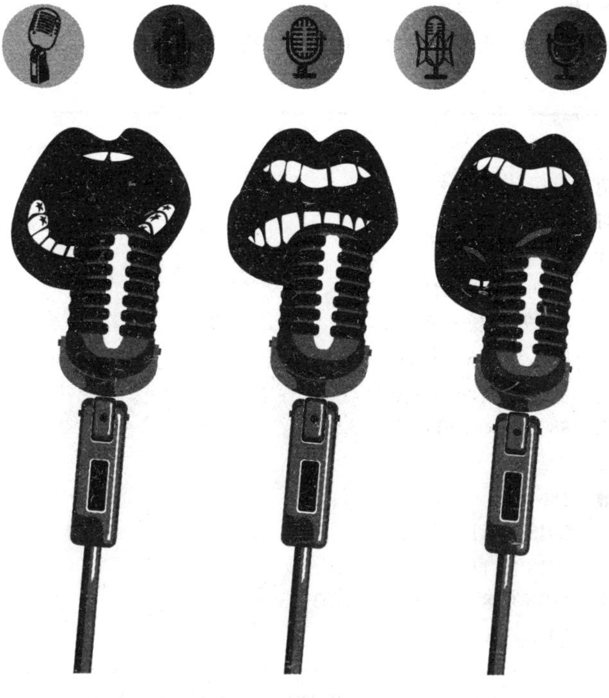

陕西师范大学出版总社

图书代号:SK18N1670

图书在版编目(CIP)数据

高效演讲:一开口就打动人心 / 王志刚编. —西安:陕西师范大学出版总社有限公司, 2018.11
ISBN 978-7-5695-0403-3

Ⅰ.①高… Ⅱ.①王… Ⅲ.①演讲—语言艺术—通俗读物 Ⅳ.①H019-49

中国版本图书馆 CIP 数据核字(2018)第 259908 号

高效演讲:一开口就打动人心

GAOXIAO YANJIANG YIKAIKOU JIU DADONG RENXIN

王志刚 编

总 策 划 杨建峰
责任编辑 韩娅洁 杨永胜
责任校对 韩娅洁 刘 明
装帧设计 松 雪
出版发行 陕西师范大学出版总社
(西安市长安南路 199 号 邮编 710062)
网 址 http://www.snupg.com
印 刷 河北祥浩印刷有限公司
开 本 880mm×1270mm 1/32
印 张 8
字 数 186 千
版 次 2018 年 11 月第 1 版
印 次 2018 年 11 月第 1 次印刷
书 号 ISBN 978-7-5695-0403-3
定 价 29.80 元

读者购书、书店添货或发现印装质量问题,请与本社营销部联系、调换。
电话:(029)85251157 传真:(029)85307636

前　言

你可能会在会议室面对同事、客户讲话，也可能会在礼堂面对着几百、上千人讲话，这样的场合，你是否能抓住机会，通过一场精彩的演讲展示自己的才华和思想，一举赢得支持，实现成功的梦想？

一开口就打动人心，给自己的成功加码。 传递演讲分享真谛，不让人生输在当众讲话和不会沟通上。 这些是多少人的梦想啊？

然而，事实是：在长久的等待中，终于轮到你登台发言了，你双手冒汗，不时地回想着要讲的辞章，等你走上讲台面对着台下无数双眼睛，你竟然忘词了！ 怎么办？ 台下观众有说有笑完全不顾你的存在，你的老板还有你的亲朋好友都注视着你，等待你的慷慨陈词……你感到脸红发热。 我该怎么办？

其实，当一个演讲者走到台前幕下，所有的目光都集中在他身上时，无论是美国总统还是你的项目经理，当他开口讲话时，人们的期待都会令他心生怯意。 人们想当然地认为他会表现得潇洒漂亮、举止优雅、思路敏捷并且充满自信。 问题是，领导者或者聪明人不一定是个好的沟通者。 大多数的聪明人，其自信心、思维能力远远落后于他的语言表达能力。 然而，怎样去成为一名成功的演讲者呢？ 有没有方法可寻呢？ 当然有。

你无法凭空获得演讲的信心，没有人可以赐予你信心。 信心来自于挑战自我的过程，也是长期训练和战胜自我的过程，专业的知识、技能的累积必不可少，当你再次面对恐惧时，你会变得从容并赢得胜利，这就是本书的目的。

交流的主角不是你，而是听众。

演讲时应该忘掉自己的感受，脑子在组织语言时有生动形象的画面出现，有画面，就会触景生情，语言自然容易生动形象，抑扬顿挫。 让眼睛和肢体充分地与听众互动，直到融为一体。

眼睛看观众有三个好处：一是可以让眼睛说话，眉飞色舞，表达自己的喜怒哀乐；二是可以和观众进行眼神交流，传达自己对他们的关注和善意；三是可以观察观众反应，及时调整自己的思路和语言。

关于演讲稿，讲究结构严谨，语言准确，并且有字数限制，不能超时。 一旦你要演讲时，文字稿就形成了一个框框，框住了思维和语言，所以丢掉它。 演讲时，有个大概提纲，在讲的时候可以现场调整思路和时间，还可以结合现场情况增减讲话内容。 对讲话人本身来说，也有三方面的益处：其一，彰显准备工作的充足。 其二，拉近演讲者与听众的距离。 其三，体现深厚的文化功底。

当然，还有许多更加重要的训练方法和技巧，就不在此一一赘述了。

演讲已经成为当今社会重要的沟通手段，也是成功道路上无法逾越的课程。 希望本书能让每一位读者朋友克服演讲的恐惧，参照本书的方法训练出独树一帜的演讲技能，形成自己的演讲风格，在各种场合轻松应对、出口不凡，借助高效演讲实现高效沟通，让成功的可能性无限增大。

2018 年 8 月

目 录

第一章

演讲前的精心准备

面带微笑可拉近同听众的距离

笑是大部分人能够做出的一个动作，我们在生活中总是不停地重复着各种笑容，所以说笑是人脸上一种最棒的表情，它能够反映出一个人的内心世界。

当一个考生面对考官时，考官的微笑可以缓解他的紧张情绪。当一个顾客遇到问题时，服务员的一个微笑可以安抚他的情绪。 一个推销员，微笑可以为他赢得客户的信任。 一名教师，一个微笑可以拉近他与学生们的距离。

在运用微笑传情达意时，要真诚自然，适度得体。 微笑是一个人自信的标志，是待人接物时最基本的礼貌之一，同时一个人的涵养和情感都可以通过微笑表现出来。 微笑可以沟通情感，消融“坚冰”，是善意的标志、友好的使者、成功的桥梁。 服务业的老板大都喜欢能够面带微笑的员工。

在大部分人中，能够展现出发自内心的微笑的人，也是心地非常善良的人，是可以信赖的人，这样的人所说的话是可以相信的。

作为一名演讲者，在演讲中面带微笑，不但可以给听众一种温和开朗的印象，而且可以建立一种融洽气氛。

在所演讲的内容和听众的认知有所偏差，或者有刻意刁难的问题出现时，微笑可以消除听众的抵触情绪，激发听众的感情，缓解场面上的矛盾，避免冲突的发生。

值得我们注意的是演讲中的微笑是要讲究时机的，如果时机不对，同样是无法取得良好的演讲效果的。

首先，在上台和下台时，要面带微笑。 上台时的微笑可以给听众一个良好的第一印象，拉近演讲者与听众的关系。 下台时的微笑可以给演讲做一个良好的结尾，使听众感到温馨和意犹未尽。

其次，在赞美歌颂一些人、一些事时一定要面带微笑，因为只有微笑才能代表演讲者的赞美是发自内心的，才能加强演讲的感染力。 如果演讲者面无表情地发表赞美，那么就会在听众中留下这个演讲者只是虚伪地赞美，并没有加入感情的印象，那么演讲的效果和影响力就大打折扣了。

第三，在面对听众提问时一定要面带微笑，这样做的原因有两个，一是表示对听众的尊敬，二是通过微笑鼓励听众说出自己的想法。

第四，即使遇到反对的声音，也要微笑面对。 有这样一个例子，一个女交警在执勤站岗时遇到了一名喝醉酒的男子的纠缠，尽管如此，女交警依然微笑着回答了男子的问题。 这名女交警的态度为她赢得了赞誉。 在演讲中同样如此，听到了不同或批判的声音，就更应该微笑着聆听。 因为每个人的观点和看法都是不尽相同的，通过听众的反对意见，同样可以使我们学到很多东西，同时能够使得演讲现场气氛活跃起来。

第五，如果遇到了大声喧哗，或者捣乱的听众，演讲者也不能大声训斥，因为一方面这是在公共场合的基本礼仪，另一方面，怒目相对，也会影响其他正常听演讲的听众，使得他们觉得扫兴。 所以在这种时候，作为一名演讲者，可以略略停顿一小会儿，这时一些听众会自发地维持会场的纪律，等待会场稍微安静一些时，可以面带微笑地对扰乱了演讲的人进行含蓄的批评。

微笑是我们在日常生活交谈中、辩论中、演讲中都会用到的一种表情，那么要如何微笑，微笑训练都有哪些技术上的要求呢?

看看口腔开到什么程度为宜；嘴唇呈什么形态，圆的还是扁的；嘴角是平拉还是上提。要注意，口腔打开到不露或刚露齿缝的程度，嘴唇呈扁形，嘴角微微上翘。如果能每天面对镜子练习30分钟，就能成为一个具有得体微笑的演讲者了。

同时，每天的微笑练习还能够帮助我们找出平时容易犯的毛病。

笑过了头，这种情况就是在微笑时嘴咧得太大。嘴咧得过大，会给人一种不礼貌的感觉。同时，嘴咧得太大也会给人一种傻乎乎的印象。所以微笑要以不露或刚露齿缝为最佳。

假笑，也可以叫作皮笑肉不笑，这种情况在我们在摄影师的要求下拍照时，最经常出现。这是因为，我们并没有投入感情，只是机械地按照要求在摆动作。

在演讲中也是一样，听众们是很敏感的，他们能够分辨出真笑和假笑，假笑看上去让人觉得难受。所以，我们的微笑不单单是要做出个形式，还要以完全平等的态度对待对方，尊重对方的感情、人格和自尊心，只有这样，微笑才是真诚的、美丽的，才具有强大的凝聚力。

最后要注意的一个问题就是，不是所有的演讲都要有笑容，微笑也要分清场合，如召开重要会议、处理突发事件、参加追悼大会时，就不能面带微笑。同时，其他的演讲，演讲中不能从头到尾一味微笑，否则让人感到你像一个弥勒佛，觉得你带了一个假面具上台演讲，没有感情。

得体的穿着给人良好的印象

中国有句古话说得好：“人靠衣服马靠鞍。”其意思就是指一个人穿上好的衣服这个人的气质风度都会变得不一样。服装和仪表，并不仅仅是一个外在形象的问题，也是一个人内在涵养的表现和反映，良好的形象是外表得体和内涵丰富的统一。

对服装和仪表最起码的要求，就是要干净、端庄、整齐，给人以清爽、精神的感觉，使人看了比较舒服。

当你意识到着装打扮的重要性时，还完全不够，如果你不会挑选、搭配，恐怕你的形象意识也是起不了作用的。

恰当的着装能够弥补自身条件的某些不足，树立起自己的独特气质，使你脱颖而出。从礼仪的角度看，着装不能简单地等同于穿衣。它是着装人基于自身的阅历修养、审美情趣、身材特点，根据不同的时间、场合、目的，力所能及地对所穿的服装进行精心地选择、搭配和组合。在各种正式场合，注重个人着装的人能体现仪表美，增加交际魅力，给人留下良好的印象，使人愿意与其深入交往，同时，注意着装也是每个事业成功者的基本素养。

首先，文明大方，忌过露、过透、过短、过紧。

装饰必须端庄、大方，要让对方感到可亲、可近、可信，乐于与你交往。在演讲前，应适当打扮一下，把脸洗干净，头发梳理整齐。男士应刮胡子，女士还可化一点淡妆。一般来说，女服色彩丰富，轮廓较优美，面料较讲究，显示出秀丽、文雅、贤淑、温和等气质。 男服则要求线条简洁有力，色彩沉着，衣料挺括。

其次，搭配得体，色彩搭配、鞋袜搭配完美和谐。

服饰礼仪中所说的服饰，不完全是指我们日常生活中的衣服和装饰物，而主要是指在着装后构成的一种状态。 它包括了它所表达的人的社会地位、民族习惯、风土人情以及人的修养、趣味等因素。 所以不能孤立地以衣物的好与坏来评价人在着装之后的美与丑。 必须从整体综合的角度来考虑和体现各因素和谐一致，做到适体、入时、从俗。

适体，就是追求服饰与人体比例的协调和谐。 服饰是美化人体的艺术，服饰只有与人体相结合，使服饰的色彩、式样、比例等均适合人体本身的高矮胖瘦，从而把服饰与人体融为有机统一的整体。 因此，过肥或过紧的衣衫，过小或过大的裤腿、过高的高跟鞋以及不得当的颜色搭配等，都会扭曲人的形体，影响人的形象。

入时，就是追求服饰和自然界的协调和谐。 人与自然相适应，有春夏秋冬、风雨阴晴的不同服饰；根据四季的变化穿着衣物，不但很合时宜，而且还可保证人体健康。 一般来说，冬天衣服的质地应厚实一点，保暖性强一点，如呢毛料等，而春秋衣服的质地则应单薄些。 可以设想，一个人在寒冷的天气穿着单薄，浑身颤颤抖抖，在炎热的天气里穿着厚实，满头大汗地出现在交际场所时那种难堪模样。

从俗，就是追求服饰与社会生活环境、民情习俗的协调和谐。应努力使服饰体现出新时代的新风貌和特征、各民族的不同习俗和特色、各种场合的不同气氛和特点。

再次，个性鲜明，与年龄、体型、职业、场合相吻合，保持自己的风格。

选择什么样的服饰，能够在很大程度上体现出穿着者的个性。在服饰整体统一要求中，追求个性美，可以说是现代生活的一大趋势。

个性特征原则要求着装适应自身形体、年龄、职业的特点，扬长避短，并在此基础上创造和保持自己独有的风格，即在不违反礼仪规范的前提下，在某些方面可体现与众不同的个性，切勿盲目追逐时髦。

克服紧张、怕羞情绪

在公众面前讲话时感到恐惧、怯场是一种较为普遍的现象。20世纪80年代，美国的心理学家曾进行过一次有趣的测验，题目是："你最害怕的是什么？"测验的结果竟然是"死亡"名列第二，而"当众演讲"却名列榜首。有41%的人对在公众面前讲话比做其他事情感到恐惧。可见，在大多数人看来，当众讲话是一件令人害怕的事情。

一位即将毕业的研究生，作为见习老师第一次登上讲台，当学生起立，师生互致问候时，他想好的开场白不知跑到哪儿去了。惊慌中，他用颤抖的声音说了句："同学们，再见!"同学们莫名其妙，面面相觑，见老师满脸通红，不知所措，不由得哄堂大笑。见习老师努力让场面安静下来，但换来的不是镇静，而是脑门上涔涔的汗珠。当他下意识地掏出“手帕”揩汗时，台下又是一阵哄堂大笑。这是为什么？经一位学生暗示，他才发现自己手里拿的不是手帕，而是一只袜子——啊?！真该死！大概是昨晚洗脚时，不知怎么鬼使神差地把袜子装进衣兜了。他想避开几十双眼睛的注视，抓起板擦擦黑板，整个课堂闹得翻了天。他窘得无地自容，只好跑下了讲台，慌乱中一抬脚又踢翻了讲台旁的热水瓶……

纵览古今中外，很多政治家、演说家都是最初被认为说话笨拙的人，遭受过无数次的失败，然而他们却凭着胆量和勇气，经过无数次的磨炼，最后成为优秀的演说家。如林肯、狄里斯、丘吉尔、田中角荣等，年轻时口才都不算好，都经历过许多次的失败。但后来他们都成了令世人瞩目的一流演讲家和政治家。他们除了勤学苦练之外，敢于面对现实，不怕失败，大胆实践，勇于创新，这是他们成功的重要原因。就拿林肯来说，他当年在演讲台上窘迫不已，甚至恐惧得连一句话都说不出来，直到被轰下台去。但他并未就此消沉下去，而是勇敢地面对现实，勤讲多练，绝不放过每一次讲话机会，演讲水平日益提高。后来他的就职演讲被誉为最精彩的总统就职演讲之一。又如雅典著名的演讲家狄里斯，在最初走上演讲台时，尽管经过周密细致的思索，做了充分的准备，但仍然遭到了失败。极度的恐惧让他语无伦次，别人不知他在说什么。但他并没有就此灰心泄气，丧失信心，而是比过去更努力地训练自己的讲话胆量。他每天跑到海边，对着岩石呐喊，向着浪花抒怀；回到家里对着镜子做发声练习，反复矫正，坚持不懈。经过几年的努力，功夫不负有心人，他终于成功了，被誉为“历史的雄辩家”。可见，克服恐惧是演讲成功者的必备素质，是迈向卓越口才的第一步。

平时做一些抗怯场练习，对于改善神经系统的状态，减缓紧张和压力，提高工作效率，增强抗怯场的能力是非常有好处的。

心病还须心药医

俗话说：“心病还须心药医。”心理的毛病用心理的方法去矫治是最直接、最有效的。心理卑怯现象是心理夸张性感受所致，必须让心理感受重新归位。要达到这一要求，需要采用心理暗示的方式，对对方有客观、正确的认识，对自己做准确、公正的评估，这样就能保持清醒，树立信心。如当别人说话显示出我们没有的优势时，我们可做这样的暗示：这是他的优势所在，我同样也有优势，一样是他比不上的。

对于一个要当众讲话的人来说，首先要对自己讲话的内容和讲话的效果充满自信，要在精神上鼓励自己去争取成功。你可以用如下几句话反复暗示、刺激自己：“我的讲话对别人具有极大的价值，他们一定会喜欢。”“我非常熟悉这类题材，我一定会成功。”“我准备得非常充分了。”讲话者不应在讲话前过多考虑可能导致演讲失败的因素，如：“我忘了词怎么办？”“别人嘲笑我怎么办？”这种负面的自我暗示往往会产生消极的影响。

关于克服当众怕羞的心理，卡耐基先生最有经验，而在他的众多经验中最基本的经验就是："你要假设听众都欠你的钱，正要求你多宽限几天；你是神气的债主，根本不用怕他们。"

现代实验心理学表明，由自我启发、自我暗示而产生的学习、行为动机，即使这动机是佯装的，也是导致学习、工作取得良好效果的有力手段。

树立自信的方法之一，就是要记住自己是被邀请来做讲话的。有人相信你的能力，相信你对这一论题十分精通。提醒自己，如果在座的观众中有人比你更权威，他们早就该被邀请来做演讲了。

我们应该想到恐惧是后天的反应。两岁大的孩子在过马路时不会懂得害怕，直到有人猛地把他拽回来，警告他过马路有多么危险。同样，当我们第一次看见同学站起来背诵诗歌，发现他突然哽住了，变得慌张窘迫，以致全班发出阵阵的窃笑时，我们懂得了当众讲话时害怕。既然紧张害怕是后天造成的，那么它也是可以被忘却的，或者至少是可以被控制的。

胆子是练出来的

胆量不会与生俱来，也不会从天而降，就像庄稼需要施肥、道路需要整修，它也需要不断磨炼。有人曾对丘吉尔的口才进行各种分析，他的儿子却一语中的："我的父亲把自己一生中最宝贵的年华都用在写演讲稿和背诵演讲稿上了。"

世界上没有天生的演说家！毫无疑问，丘吉尔被誉为“世纪的演说家”是当之无愧的，但人们可能忘了，他原先讲话结巴，口齿不清，根本就不是当演说家的材料。他本人身高五英尺半左右(约1.65米)，没有堂堂的仪表和风度，他那难听的叫喊声又不像道格拉斯·麦克阿瑟或是马丁·路德·金的嗓音那样洪亮。丘吉尔没有受过大学教育，他曾经在下院最初的一次演讲中，讲了一半便垮了下来……然而，他并不为此而自卑，并没有从此一蹶不振，认为自己就不是这块料。在经过多次的主动练习后，经验和胆量都大大增加的他终于成了举世皆知的雄辩的演说家。

面对陌生的事物或人，我们总是很容易退缩、害怕，想要让自己大胆表达，最好的方法就是让自己习惯开口说话，怎么样让自己习惯开口说话呢？在任何场合，你都应该积极把握或创造与人交谈的机会，试着与他人闲聊、寒暄、攀谈，说话的次数多了，自然也就成了习惯，胆怯就会逐渐消失。

如果一个人能抓住机会努力练习口才，那他的说话胆量一定会得到很好的训练。

家庭是练习口才的第一个场所。家庭不免会有些经济收支问题、子女教育问题、卫生保健问题、饮食起居问题，你能平时就这些问题与你的妻子好好谈一谈吗？如果你能时常提出一些有益的意见或帮助她解决一些或大或小的困难，那说明你的口才练习有了明显进步。社会是由男性和女性组成的，男女间的相互交往、夫妻间的良好相处，都是练习口才的极好途径。同时，从和自己最熟悉的人开始练习，也不会有太大的难度，这样很方便训练说话的胆量。

广结良友，与朋友频繁往来，是练习口才的又一途径。我们的朋友可能来自不同的地方，处于不同的年龄，属于不同的阶层，从事不同的工作，因而与他们相处时会遇到各种不同的问题。 如果想练习好自己的口才，训练自己的说话胆量，就最好去了解他们各种情况，好好找他们谈谈，尽量想出如何帮助、开导、启发他们的谈话内容来。 这样，无形之中，你拥有的朋友，你了解的谈话内容，都会渐渐地增多起来，你说话的胆量也会渐渐大起来。

在陌生人聚会的场合也可以训练说话的胆量。 每个人都免不了会参加一些社交活动，如果我们参加的社交活动是陌生者的聚会，那可以说是训练说话胆量的很好机会。 在这种陌生者聚会的场合，我们想与人说话的机会和方法很多。 大家相聚时，不外乎出现两种情形：一是有的人在交谈，而有的人却孤零零地待在一边；二是大家都三五成群地在一起交谈。 如果我们仔细观察，发现有人也像自己一样，孤孤单单地坐在某个角落，那么就大胆地走上前去，向对方介绍自己。 打完招呼可由天气等无关紧要的话题说起，逐渐加深话题力度。 这时候，除了某些特殊原因之外，对方多半是欢迎我们的。 如果在这种陌生人聚会的场所多锻炼几次，下次再碰到陌生人，也就不至于生疏和胆怯了。 只要自己愿意主动开口，并掌握好说话的有效时机和方法，就一定不会被拒绝，这也无疑是对你下一次主动出击的最大鼓励。

总之，胆子是练出来的，要想拥有好的口才，就要抓住一切机会，锻炼自己的胆子。 只有不懈地锻炼才能取得最后的成功。

绝不放过每一个练习的机会

发明大王爱迪生说过，天才是百分之一的灵感和百分之九十九汗水的结晶。天赋固然重要，但后天刻苦的锻炼更为关键。在实践中磨炼口才，以坚强的意志作为通向成功的基石，用汗水浇灌成功的花朵，勤奋的苦练加上技巧，一定会成功。哈佛大学的著名教授威廉·詹姆士说过：“我们只是半醒着。我们仅仅在使用我们体力和智力的一小部分。说得明白一点，人类就是一直这样画地为牢，生活在自己的圈子里。人具有各种力量，但往往未加发挥。”这些力量我们每个人都有，只是没有得到充分发挥，却对这些力量置若罔闻，真是太可惜了！

有的人想练习口才，但苦于找不到机会，我们可以清楚地告诉你：路就在脚下。练习口才的机会处处都有，不仅很多，而且方便省事。我们每天都要见人，都要说话，所以到处都是练习的机会，千万不要以为日常的说话不需要什么口才。其实，练习口才的人应该把每一句话都说好，口才好的人能一开口就说上一句好话、一句动听的话。这恰如练习书法的人一样，必须首先练好每一个字。一个书法好的人，一动笔就能把一个字写好。所以，我们绝不能轻视那些日常生活对话。就是这些极简单抽象的日常对话，口才好的人和口才不好的人，说起来都是截然不同的，即使是“哼”一声也迥然有异。

面对陌生的事物，我们很容易害怕退缩。想让自己能够流利地表达意见，最好的方法就是让自己习惯开口。做任何事情都需要练习才会进步，说话也是如此。

如果我们无法自在地与陌生人交谈，假如你能鼓起勇气和超市店员或不太熟识的邻居说声“你好”，你就会发觉自己越来越习惯面对陌生人发言了。

所以在任何场合，你都要积极把握和别人交谈的机会，试着与他人闲聊、寒暄，从中学习说话技巧，建立自信。

主持会议或在会议上发言也是练习口才的绝好机会。会议语言是一种很好的磨炼形式，能迅速促进你的提高。

说话的机会随处皆是，如果有可能，你不妨参加一个社会组织，志愿从事需要你讲话的职务。在公众聚会里，你要勇敢地站起身来，使自己出个头，哪怕是附议也好。在参加各种会议时，千万别去敬陪末座，而要洒脱一些。另外，还应当参加相应的团体活动，并活跃地参加各种聚会。我们只要多留心我们周围的事情，便会发现，没有哪种商业、社交、政治、副业甚至邻里间的活动是你不能举步向前、开口说话的。如果我们不主动地开口说话，并且抓住一切机会不停地说，我们永远不会有进步，也永远不知道自己会有怎样的进步。

用真挚的感情讲出来

同一个故事，不同的人讲，听众的感受可能会不一样，这和讲故事的人所带的感情不同有一定关系。将自己置身事外，仅仅是把故事念出来，和进入角色，感情真挚地讲出来是完全不同的，相信更多人喜欢后者的方式。同样，演讲不仅要考虑到演讲的形式、内容以及内在的哲理对演讲效果的作用，还要考虑到演讲的对象是人，所以演讲要以情动人。需要演讲者用真挚的感情把话讲出来，而不是机械地重复稿子上的字句。因为听众也不喜欢听空洞、干巴的大道理。他们喜欢的是演讲者自己的真情实感。

那么，演讲者的真情实感从何而来呢？它不是凭空而来的，也不是故作姿态、逢场作戏，它来自实际生活，来自切身的感受。作为演讲者，要想打动听众，首先必须打动自己。只有通过感情才能发现对方、发现自己，从中找到共同的东西，产生心理“共振效应”。

美国的麦克阿瑟不仅是一位叱咤风云的军事统帅，而且还是一位富有激情的演讲家。他的几次著名的精彩演讲，都是饱含激情，使听众热泪盈眶、回味无穷。如在1951年，他的52年军事生涯之际，应邀在国会上发表的演讲中说道：“我就要结束我52年的戎马生涯了。……我孩童时期的全部希望和梦想便实现了。……但我仍然记得那时军营中最流行的一首歌谣中的两句……”他饱含深情的演讲，博得了参议员和众议员们经久不息的雷鸣般的掌声，许多国会议员和在收音机、电视机前收听收看的听众与观众都热泪盈眶。

如果演讲华而不实，只追求外表漂亮，是难以使听众信服的；如果感情不真切，也难以使听众倾心，与之共鸣。有人说：“在演讲和一切艺术活动中，唯真情，才能使人怒；唯真情，才能使人怜；唯真情，才能使人笑；唯真情，才能使人信服。”因此，在演讲时必须牢记这一点，唯有真挚的感情才能讲出感动人心的话。

因为先有“动之以情”，才能“晓之以理”。所以演讲中的感情流露，必须真挚，最忌讳装腔作势。有些演讲内容，通篇慷慨激昂，一味地追求所谓高亢、铿锵，以为这就是“有情”，其实这只是另一种形式的平淡。另外还要注意，演讲中的体态语言要服从内容表达的需要，切忌过多过滥。有些演讲，因为没有稿子的束缚所以动作过多，喧宾夺主或举止不雅，造成失态，不仅影响了演讲的效果，也给听众留下矫揉造作的印象。

第二章

你将怎样面对听众

听众的需求

我们常见的听众一般分为四种：对演讲内容完全不了解的；观点与演讲者相同的；观点与演讲者相反的；对于演讲漠不关心的。

对于这四种类型听众，想要使他们接受演讲者的观点，其方法也是不尽相同的。

第一种听众，是演讲者比较喜欢的听众，这样的听众是一张白纸，因为对于演讲者的观点他是茫然不知的，所以可以很容易地接受演讲者的观点。

第二种听众，是演讲者最喜欢的听众，因为观点相同，非常容易产生共鸣。听众也不会产生排斥情绪。对于这样的听众需要注意的就是即使是细小的观点、看法也不能出现错误，因为会被听众发现，同时演讲的内容还要有所创新。

第三种听众，是比较棘手的听众，因为他们在听演讲者的演讲之前就已经否认演讲者的观点，在这样的演讲中演讲者就是试图影响听者的观点和信念，或者使听者建立起新的观念和信念。对于这样的听众，论点一定要明确，事实依据一定要真实有说服性，同时演讲者要有真情实感。

第四种听众，其实是最难以打动的听众，因为他们对于演讲的内容，既不像赞同者一样喜欢，也不像否定者一样讨厌，而是没有添加任何的感情。

演讲是讲给听众们听的，是反映人们的心声、愿望的一种推动时代发展的活动，所以作为一名演讲者应该懂得人们想了解什么，想知道什么，不能闭门造车，不问世事，不了解群众。 演讲的内容只有贴近生活，贴近人们的需要、需求，才能打动听众的心。

有一个著名的例子，曹操一次在行军时，走到了一个荒芜缺水的地方，将士们因为干渴而士气低落，这时曹操就说前面有一片杨梅林子，里面的杨梅又酸又甜，水分充足。 兵士们因为想到了杨梅的酸甜而大量地分泌了唾液，这样就不觉得干渴了，这样这支部队才成功地走出了这片地区。

这就是望梅止渴这个成语的来历，这就是因为曹操了解人们的需求是什么而做出的决定。

作为一名演讲者，怎么样才能了解听众的需求呢？ 这首先要求演讲者了解我们当今社会的特点和需求，同时不要把自己当成高高在上的发话者，而是要把自己当成一个听众，设身处地地想想，听众有什么需求，演讲者应该以朋友和对话者的身份，提出听众想要提出的问题，然后给出自己对这个问题的看法与解决它们的办法。只有这样才能使听众觉得演讲者是在和他们讨论一个问题，而不是在发号施令。

分析听众的心理

分析听众的心理，是一个演讲者的最基本的工作。 我们分析听众的心理，并不是为了迎合听众，而是为了了解听众，贴近听众，是为了保持演讲的真实性、独立性，以及演讲的公正性。

之所以这么说，是因为观众来听演讲者演讲首要的目的是为了从演讲中得到心灵的安慰。 这也就是我们说的“好的演讲能给予人们心灵的共鸣”。

演讲者通过语言来安抚听众的情绪。 所以，作为一个演讲者，通过分析听众的心理之后，在准备材料时多寻找些能够符合听众的煽动感情、安抚心情的材料。

分析听众的心理的另一个重要的作用，在于诱导听众听演讲的时候，可以通过选择听众喜欢的材料来引起他们的兴趣。

想要诱导人们听取演讲，先得给对方一点小胜利；引导对方做一件很重大的事情时，就得给对方一个强烈的刺激，使之对此事有着一份企求成功的希望。 因为当对方被一种成功的意识刺激着，他就会为接受更严峻的挑战而愿意去再次尝试一下。

人们在这个世界上，大部分时间都是在思考自己，我们会思考我们的生活、工作、学习、家庭。 同时我们还会幻想，幻想我们的未来，或者产生一些奇异的梦。

对于一个男士，有时和他讨论经济危机不如和他讨论怎样用刀片刮胡子不会刮伤皮肤；对于一名女士，和她讨论世界杯比赛，不如和她讨论什么化妆品更适合她。

那么对于这样的人，我们在进行演讲时只要选择和自身发展等相关的方向，就能够引起他心灵的共鸣。 所以，想要得到听众的赞同与支持，演讲者谈论的话题应该就是听众最关心的话题。 一旦听众产生了与演讲者感同身受的感受，可以说演讲已经有了一个成功的开篇。

曾经有一个青年，向一个大文学家说：“我需要活着。”但是这位文学家却回答他：“我看不出你有活着的必要。”

这位文学家说这样的话，并不是希望这位青年人去死，只是青年人的话无法感动文学家的心灵，使文学家感觉不到自己话语中的活力。

这个实例说明，一个演讲者，或许他脑子里有许多精妙的题材，有优秀的演讲稿，他设计了生动形象的现场表现方案。然而他每次讲起话来却是死板而缺乏生气，就像是背稿一样，这样的演讲稿首先不能感动演讲者自己，又怎么能感染听众呢。

这种现象出现的原因就在于演讲者不够了解听众的喜好，不能用脑中的题材，结合听众的需求表达出来。他缺乏一种精神活力，他对于自己所要讲的话，总觉得好像没有一说的必要。这样他的演讲无法感动自己，更无法感动听众。

所以，华丽的辞藻仅能耀人眼目，对于演讲者而言，却不能感动人心，需要把自己的活力激发出来，将自己的情感投入到演讲当中去。演说必须伴以热忱和真诚。

当一个演讲者发现听取他演讲的听众们总是昏昏欲睡时，首先他要检讨一下自己的演讲是不是没有打动人心的力量，这时就要学习像许多著名的演说家那样，学会在台上刺激一下听众。

这种刺激可以通过语言、动作、神态等多种手段来实现。

套近乎：拉近自己与听众的距离

所谓的套近乎，并不是要求演讲者放弃自尊一味地讨好听众，而是帮助演讲者拉近和听众的关系。听众的心理是变化多端、复杂多样的，通过和听众套近乎，可以放松听众在遇到陌生人时本能的防备心理，使得听众能够在心情放松的情况下听取演讲者的演讲。同时，在演讲者和听众在某个问题上存在分歧时，套近乎可以帮助演讲者安抚听众的情绪，使得听众能够平心静气地听取演讲者的讲解。

最常见的套近乎方式一般在演讲开始时就可以进行，例如：

> 各位朋友：我是翻山越岭，历经千难万险才来到这里为大家来进行演讲的，虽然辛苦，但是我一点都不后悔，因为到这里我就发现，这里是山美，水美，人更美，在座的每一个人都非常热情，你们都是我的亲人啊。

短短几句话，一下子牢牢地吸引了听众的注意力，使听众的心里暖暖和和的，赢得了全场热烈掌声。当然，“套近乎”并不是一味讲赞美的话，光说好听的，这样，会让人有哗众取宠、油嘴滑舌之嫌。“套近乎”应该有感而发，有感而“套”，做到以情托声，声中有情。

运用心理控制调动听众情绪。前面讲到演讲首先必须了解听众的心理需求，但当进入演讲过程，就更应该注意心理控制及听众情绪的调动。只有演讲者做好了心理控制和听众情绪的调动工作，才能使演讲者与听众心心相通，达到演讲的最佳效果。“套近乎”的方法，是一种非常好用的拉近和听众距离的方式，但是这样的方式并不能每次都用一套方案，要根据不同听众的社会阅历、兴趣爱好、思想感情等方面的特点，结合自己的实际，给观众描述一段与听众相似的生活经历或在学习工作上相同或相似的事例，有时也可以将自己的内心烦恼、趣事展现给听众。

征服听众的方法

有时候演讲有其非常明确的功利目的：演讲需要“征服听众”，让他们的心随着演讲者的思考而思考，让他们的行动跟随演讲者的脚步。

这种“征服”的效果，不能通过混淆视听、欺骗蒙蔽的手段来达到目的，而要靠真情实感来感染听众。

古往今来，“尊重”都是能够“征服公众”的一个重要条件。自尊心与安全感是人的共性。要征服一个人首先要尊敬这个人，这是征服听众的必要条件。演讲者登上演讲台之后，他的一举一动都一览无余地展现在了别人面前，每一个下意识的动作都会影响到听众的感受和对演讲者的评价。所以演讲者即便是怀有一丝一毫的骄傲，都会在演讲台上被无限放大。因此应谦虚谨慎地向听众表示你的诚意。这样，听众才不会小看你，相反还会认为你是一位诚实坦白、值得信赖的人，你的演讲即能在一种融洽的氛围中进行并取得成功。

孔子是中国著名的思想家、文学家，是儒家的代表，但他从未以他渊博的知识向别人炫耀，他总是以包容一切的博爱精神来感化别人、教化世人。作为演讲者，必须懂得这个简单的道理，并采取相应的措施。

其次，要征服听众，就应有卓越的演讲才能。所谓演讲才能就是一个演讲者的口才和语言能力。这是通过长期的锻炼和学习来实现的。 作为一名演讲者，可以从这几个方面来加强自己的语言魅力：有新颖奇特的观点；所有论述都是真情实感；有的放矢，尊重事实；思维清楚，语言的逻辑性强；合理地安排演讲的布局；运用多种修辞来加强影响力；保持语言生动形象，有活力；语言简洁有力；声情并茂，感人至深。

如果你能较好地掌握这些要求，那么就有了征服听众的较大把握。 同时还要注意环境、音响、时间等因素的作用。

对于人们来说，自己亲身经历过的事情说起来总会比较得心应手，一个人说得最生动、激昂、富有吸引力的，必定是自己最熟悉、最了解、最清楚的事物。

而作为听众最为关心的是与其生活息息相关的现实问题，是他们在生活中能够见到听到的熟悉的事情，空泛的理论是无法吸引他们的注意力的，所以有真情实感的演讲总是比单靠从书本、报纸、杂志上东拼西凑的东西要感人。

每个人的生活和经历都不尽相同，以个人的生活经验为话题展开演讲。 演讲者可以以个人生活中的小事为例子，这样的小事往往是神秘、特殊而隐秘的，带有鲜明的个性，很少能和其他人相重复，同时可以满足人们的好奇心。

善于演讲的人可以很轻易地从生活中寻找到自己想要的例子，或者能够将别人身上发生的事，生动地转述出来。 但是作为一名经验较少的演讲者，怎么样才能寻找到合适的事例，使得自己的演讲不会显得干巴巴的呢？

这时我们可以从自己的生活背景中寻找主题。 一般和家庭、幼年及学校生活相关的回忆，都能引起听众的共鸣。 因为这是每个人都经历过的生活，都有自己独特的感受，人们都希望从演讲中寻找到自己过去的影子。

当然，作为演讲者还可以谈自己个人的兴趣和爱好，这样能引起听众的好奇心，并能够引起听众的共鸣。这是因为，演讲者所讲述的爱好或者兴趣总会和一些听众的喜好相吻合，而另一部分的听众则有可能对演讲者所讲述的内容产生兴趣。

另外，一些特殊的经历也能够成为演讲的话题，同样能够达成吸引听众的目的。这些特殊的经历可以是在严酷的环境中求生存，或者接触过伟人、名人。因为大部分听众没有这样的经历，能够引起听众强烈的好奇心。

使演讲具有兴奋点的话题

所谓的兴奋点就是最能够吸引听众注意力的关键点，这是一个演讲的亮点所在，也是一个演讲者成功与否的重要因素。

最常见的话题有以下几个：

1. 满足求知欲的话题

陌生的知识领域或神秘不可及的事物总是能引起人们的求知欲，使人们兴起探索的欲望。对于不知道的东西，想要弄清楚其工作原理，这是人们的本能，针对一些奇闻逸事展开话题可以大大地吸引听众的注意力。

2. 刺激好奇心的话题

西方有句俗语：Curiosity killed the cat.（好奇心害死猫）。西

方传说猫有九条命，怎么都不会死去，而最后恰恰是死于自己的好奇心，可见好奇心有时是多么的可怕！

好奇心是每个活着的生物都具备的特征。演讲者可以利用每个人都有好奇心，通过各类趣闻、名人逸事、突发事件、科学幻想、传奇经历等等内容，来激发听众的好奇心。

3. 与听众利益密切相关的话题

在很多单位都会有这样一种现象：公司的一些大的发展方向或者整体规划往往不能得到每个员工的重视。相反的，每个小的细节例如年终奖金的评定方法、午餐的标准等，这样的事情反而能赢得大部分人的关注，这是因为群众最关心的无非就是涉及自己切身利益的事情。所以，纵观各类演讲，一旦关系到吃、穿、住、行、生活琐事的都会非常受欢迎。所以高明的演讲者常常能将要演讲的问题和人们生活中的实际利益结合到一起。例如在讲解全球变暖，号召大家爱护环境时，可以不用空洞的说明，而是根据现实生活中的实际情况来说明，如夏天天气越来越闷热等。

4. 娱乐性话题

现代人的生活节奏越来越快，工作生活的压力也越来越大，这样的生活使得人们的情绪也越来越苦闷。娱乐性的演讲正好可以缓解人们的压力。一般娱乐性的演讲大都是选择一些社会上热议的话题，通过演讲者在演讲中穿插些幽默、笑话或娱乐性故事以达到在短时间内提起听众兴趣的目的，礼仪场合或者社交场合人们大都喜欢用这种话题来缓解或者活跃气氛。

第三章

演讲稿的作用与撰写

用纸笔策划一个故事

讲话在一定程度上就是讲故事，一场好的讲话往往离不开好的故事，那么，如何在脱稿讲话中讲好一个故事呢？ 众所周知，讲故事有五个要素：时间、地点、人物、经过、起因，每一个故事都应该包括这五项内容，才算表达清楚。 时间的表述要注意开门见山，警示性地引起听众注意；地点的表述要尽快进入场景，这样才会突出你想表达的主题；人物的表述要有名有姓，有名有姓才显得真实，也方便听众理清思路；经过的表述应注意具体化、描述细节化；起因的表述相对不太重要，是对听众一个心理释放。

讲故事，最重要的是对经过的讲解，换句话说也就是重现场景，重现场景的一个技巧就是表达具体化、描述细节化，这才能使听众以一个一致性的画面进入情节，限制听众随意思考。 听众一旦随意思考，其反应就会不一致，不一致在社会心理学中，就意味着心理互动的失败，心理互动失败，你就不能在讲话中达到最佳效果。

注意事项：

1. 不要用模糊的概念。 “可能是甲”“可能是乙”“好像是1978 年”等句子，模糊的概念可能会转移一部分的注意力，另外会使你故事的真实性下降，从而导致说服力下降。 相比之下，直接确定为甲，或是直接说是 1978 年，故事则显得更有说服力。

2. 不要用解释性的语言，尽量使用描述性的语言。 比如在描述故事的天气时，说“那天因为天气很热，所以我穿得很少”，就不如“那天天气太热，我只穿了个短袖”，说“因为台子有 8 米高，所以我站在上面发抖”，也不如“我站在 8 米高的台子上，双腿发抖”。

3. 讲故事时，不要有谦虚的开场白，这样无疑会打击听众的信心，认为从你的讲话中学不到什么东西，而且你自己连这个自信也没有如何让听众有这个自信。

4. 在讲故事之前，第一句话语的语调语速，是非常关键的。如果第一句话较有力，那么首先会吸引听众的注意力，后面的故事陈述就会流畅得多，所以在讲话之前，要吸一口气稳一下自己的心神，然后再开始，不要慌慌张张地开始。

5. 在讲一个事情时，尽量使用事实来侧面反衬，这样给听众的印象是生动的、形象的、记忆深刻的，如说害怕，说“事后发现衣服湿透了”，则更加真实形象。

6. 避免使用抽象化的语言。如果你想陈述你的学习成绩，说“总是优秀”，是一个笼统概念，说“考试成绩不是第一，就是第二”，则更直接而且具体。

7. 如果你想表达一种戏剧性的效果，你就应该使用原因倒置技巧。原因倒置往往使听众恍然大悟，也可能是心理期待的骤然落空，这时笑声自然也就出来了。讲一个人最关键的是感情重现，喜欢一人，让大家都喜欢他，生气一人，让大家都生气他，只有做到了这一步，你才能算是有效地传递了这份信息。

在传递这份信息时，应注意四个原则：

1. 用事例说话。用最典型的事例来突出你的思想。事例是别人不可反驳的，事例是论证性的，评论是阐述性的，所以真正起到作用的应是你讲话中的例子。

2. 指名道姓原则。 对任何一个人均应该冠以名字，这样有利于听众接受，瞎编一个名字也要比没有名字强。 如果总是为了力求准确，一段话中有很多“可能”，这就大大地降低了阐述内容的说服力。

3. 用对方的语言来表达他的态度、特征。 只有这样才会活灵活现地将对方展现在听众的面前，也才能吸引听众的注意力。

4. 感情色彩。 在表达一种感情时，用合适的词语来表达感觉，这样才更容易勾起听众的认同感。

最后，在表述时还需要注意的两个问题：一是围绕一个主题。一个故事只能有一个中心思想，所有的语言都是围绕这个中心展开的，写讲稿同样如此，一个讲稿只能有一个主题，主题太多，往往会分散听众的注意力。 而且，在有限的篇幅里，主题多了，证明主题的论点就少了，本来整篇讲稿都是用来证明一个主题的，一旦主题增多，势必要占用篇幅，所以，多个主题的论点就比一个主题时少，也就没有全稿一个主题时论证充分了。 另外，任何讲话都绝不要去背稿，背稿才会忘词，才会有做作感。 当讲出来的话带有自己思想的痕迹时，才是最能感人的。

减少妄说，避免出丑

在演说时当众出丑，是非常难堪的事。 由于种种原因而当众出丑的情况常常存在，但听众往往会宽容演说者的技巧失误，而对那些“无知妄说”的演讲、演说时的胡说八道是不会原谅的，出现后面一种失误的原因除少数人是由于“无实事求是之心，有哗众取宠之意”外，多数人是由于没有经过深思熟虑，事前没有字斟句酌，其本人对问题还处于模模糊糊、不甚了解的状态所造成的。“以其昏昏”焉能“使人昭昭”？再加上上台以后过度紧张，血压增高，使头脑发热，故而信口开河、胡说一气。

如果事先写了演讲稿，则不会犯这方面的错误。因为撰写讲稿时，演讲者就会认真思考，进入分析、综合、归纳、推理状态。原本散乱、模糊、似是而非的理解，就会眉目清楚，如同在一缸混混沌沌的水中加进了明矾，立刻会变得清澈见底。冷静思考，一般会出现两种情况：一种是觉得自己对问题还没有真切的见解，又不能马上解决，便明智地婉言谢绝演讲，从而避免当众出丑；一种是立即补充知识，抓紧时间学习，再上台演讲，就不会无知妄说，胡扯一气。

引发灵感，如有神助

撰写讲稿的过程，其实是一种反复思考、广征博引的过程。这时，你就会充分发挥自己的智慧，对往日所有的“库存”，包括已有的知识、学问、经验、理论进行搜索和全面整理，如同电子仪器所进行的全方位、多角度、多层次的“扫描”过程。

我们可以把人的思维过程分成以下几个步骤。

1.收集资料。这时演讲者沉浸在对问题的思考中，正是在这个阶段，收集那些可能要利用的材料。有些材料也许已经存在演讲者的头脑中了。 这些一般性材料在以后将与具体的演讲主题资料相互融会贯通。

2. 分析资料。 一旦原始资料收集充分，演讲者就可以开始分析和研究这些材料，这就是大脑消化阶段的主要工作。

3. 酝酿。 当演讲者将材料分析妥当之后，可以完全地放开自己的思维，转移一下注意力，休息一下，这就是酝酿，也可以说是在“做白日梦”。 所以好的演讲者要随身携带一个笔记本来记下突然出现的灵感。 好的主意或点子，都是在不经意中一闪而过的。

4. 灵感闪现。 当你不经意时，念头有时就会冒出来。 及时地把握所产生的观点才能做出成功的演讲。

5. 应用阶段。 要求演讲者把想法放到现实世界中测试，看看是否切实可行。 例如，检查一下在演讲中是否有低俗的语言，或者对于民族、性别的歧视等现象。

这一阶段的工作要求耐心和坚韧，只有这样才能使演讲最终取得成功。 许多人喜欢出主意，但大多数人的耐心和坚持奋斗的精神不足。

不慌不忙有的放矢

演讲者临场失常，不能将水平正常发挥出来，往往是因为心情过于紧张。 而造成紧张的原因之一，是自己心中没有把握。 尤其对于初次登台的演讲者来说，有了演讲稿，心中就有了底，就可以大胆沉着地进行演讲。 即使恐惧心理较重，但由于有演讲稿做依据，也可以继续坚持下去，不至于出现中断演讲的现象。

如果登场前手上已握着一份精妙的演讲稿，这份演讲稿即使让听众自己阅读，听众都能被感染，那么演讲至少就有了百分之六七十的把握，心情也就不会紧张，登台演讲就不会发挥失常。他心里会想："现在我用不着害怕，也用不着粉饰，也用不着过多的表情、拿姿态、做手势，更用不着拿腔拿调，只要对着麦克风，一字一句把意思表达完整，就足以感动听众了，我还怕什么呢！"这就叫"有恃无恐"。在演讲的过程中，当演讲者卡住了壳，临时忘记了某些内容，随时看一眼演讲稿，就会把演讲内容连贯起来。但演讲者一定要做到，除长篇演讲外最好不要带讲稿上台，而是应该背熟记在脑海里。

戏剧界有句行话叫作"剧本，剧本，一剧之本，它决定剧场演出一半的生命"，演讲也可以借鉴这个道理，其实演讲稿就是登台演说的"剧本"，这个"剧本"的好坏，决定着演讲 50％的成功。所以，有好的演讲稿在手，演讲者一般都能镇定自如，如同吃了定心丸。

每一个演讲都是有时间限定的，短的几分钟、十几分钟，长的一两个小时甚至半天或一天，总是要在一定的时间范围内讲完的，不能永远不停地讲下去。所以同一主题的演讲，在不同的时间限定下，其稿件也是不相同的。

演讲稿的撰写

演讲稿不同于我们平时写的作文，有的演讲者认为演讲就是把写好的作文背诵好了就可以了。这其实是错误的。要进行演讲必须要准备好演讲稿。演讲稿不同于一般意义上的作文，演讲稿有它自己的要求。

初学演讲者往往人为地割裂了演讲稿与演讲的有机联系。要么把心思全放在“演”上，只考虑着上台后如何去“演”去“讲”，对演讲稿为演讲服务的重要性认识不足，即使有充分的时间也不愿去撰写演讲稿，或者写了也当成可有可无的“道具”，显示出心态上的浮躁;要么倾尽全力在“写”上下功夫，成语、典故、格言连篇累牍，忽略了演讲稿到演讲之间语体上的有机转换，失去口头语言应有的通俗、朴素、简短、流畅等特点，失去了演讲的可听性，上台后唯稿是从，不敢改动一个字，结果把演讲变成“作文朗读”或“作文背诵”。我们认为，作为初学演讲者，不但应认真撰写演讲稿，还应充分把握演讲稿的写作要求，努力达到演讲稿为演讲服务的目的。

演讲提纲是组织演讲时一种不可或缺的辅助手段。清晰的提纲可以帮助你掌握自己希望谈论的要点;采用提纲还可以使听众容易记住你演讲的大致内容。演讲要有头有尾，要懂得尊重听众，不要一开口就冒出一句没头没脑的话，使听众听不明白。

1. 演讲提纲的作用

编列演讲提纲，是演讲前的重要准备工作。 它常常是临场发挥的重要依据。 提纲编写的好坏，直接影响到演讲成功与否。 所谓编列提纲，实际上就是确定框架， 以提要或图表方式列出观点、材料以及观点和材料的组合方式。

首先，它可以确定演讲框架。 编列提纲能把演讲的整体轮廓用文字固定明确下来。 事实上，拟订提纲的过程，正是认识不断明朗化条理化的过程。 通过拟订提纲，可以对论题的设想不断加以修改和补充，使构思更为周密、完善。 确定了整体框架，演讲者便能心中有数，逐层展开，不致东一句西一句，词不达意。

其次，它可以进一步选材组材。 编列提纲的过程，也是进一步选材和组材的过程，是演讲内容逐步具体化的过程。 演讲题目、结构层次、典型事例、引文材料以及其他有关资料都要具体地在提纲中体现出来。 在这个过程中必然要对材料做进一步的筛选和补充。

第三，它可以训练思维。 编写提纲的过程，正是演讲者积极思维的紧张过程。 在这个过程中，演讲者必然要认真思考，分析演讲的主题、材料、层次、结构和其内在的逻辑联系，促使思维的条理化和科学化。 因此这个过程事实上正是培养和锻炼思维的过程。

最后，它可以避免遗忘。 编写提纲也是不断熟悉材料的过程，特别是在不用讲稿仅用提纲进行演讲时，提纲更是起着提示启发、避免遗忘的作用，成为临时发挥的重要依据。 根据演讲的具体目的和要求，以及演讲者对材料的掌握情况等，演讲提纲的编写可粗可细。 内容简单，材料易掌握，可编粗略些;内容复杂，材料丰富，就宜编得详细些。 粗略的概要提纲要以极其简练的语言，扼要地列举出演讲的主旨、材料、层次大意等;详细提纲则要求比较具体，应基本上是讲稿的缩影。

2. 撰写演讲大纲的步骤

撰写讲稿应先拟出演讲大纲，演讲纲略大致分五个部分：标题；内容提要；开场白；正文；结尾。

在这里，要注意把握演讲稿的整体结构：标题、副标题分别是什么；论点、分论点有哪些；如何开头和结尾；如何过渡；如何应对可能出现的问题；等等。

选择合适的语气和文体

虽然摆脱了念稿，但演讲稿对于演讲来说也是很有必要的，它是为演讲服务的，是体现在书面上的演讲材料。 在正式演讲之前，演讲稿就是演讲者练习的依据。 根据演讲内容、目的的不同，演讲稿的形态也不同，一般有报道、有说明、有论辩、有答谢等。

总的来说，演讲稿有以下四种特征：

1. 内容上的现实性

演讲是为了说明某一个观点或表明一种态度的。 所以在写演讲稿时，就要考虑这个观点和态度是否与现实生活紧密相关。 其中讨论的问题应该是现实生活中存在的，并为人们所关心的问题。 因此选用的材料也应该来自身边的生活或学习。 还必须真实可信，能够证明你表达的观点是正确的。

2. 情感上的说服性

演讲的目的和作用就在于打动听众，听众接受演讲者所说的观点或表明的态度。作为这种具有特定目的的演讲稿，一定要具有说服力和感染力。很多著名的政治家都是很好的演讲者，他们往往借助自己出色的演讲，为自己的政治斗争铺路。

3. 特定情景性

不同的演讲场合有不同的演讲目的和态度，这就是演讲的情景，为演讲服务的演讲稿就要与这些特定情景相适应。所以在选择文体时，要把演讲情景考虑进去，比如校园演讲的听众是学生们，那么演讲稿应该写得有激情，符合学生们朝气蓬勃的心态。

4. 口语化

演讲稿的最终目的是用于演讲，所以，它是有声语言，是书面化的口语。因此，演讲稿要“上口”“入耳”，要把较为正规严肃的书面语言转化为易听易明的口语，以便演讲。同时，演讲稿的语言应适应演讲人的演讲习惯，同演讲者的自然演讲节奏一致。

所以，在写演讲稿时要根据自己演讲的目的来确定演讲稿的文体。如果是在参加竞聘选举，就可以多加一些情感上的说服性，如果为了和听众亲切互动，就要适当多用一些口语化的说法。总之，不同的目的就要针对性地选择合适的文体，否则演讲效果会大打折扣。

写好演讲稿之后，应如何把演讲稿完美地演绎出来，就要考虑选择什么样的语气了。语气在和别人谈话中有着重要的作用，因为只要人们开口说话都离不开语气。在一句话中，不但要考虑如何遣词造句，还应考虑用怎样的语气表达，说话才准确、鲜明、生动。

同一句话，说话语气不同，听众的接受程度也可能不同，有的人说话对方容易接受、愿意接受，有的人说话对方就不愿接受或者很难接受。甚至有时候不同的语气会产生相反的效果，比如，“对不起”三个字，如果用诚恳的语气说出来，更容易获得原谅，因为对方会认为你满怀歉意；如果用油腔滑调的语气说出来，就显得你的道歉没有诚意，对方即使表面上原谅你，心里可能还是存在不满。另外，语气傲慢者使人反感，语气谦卑者使人喜欢。所以，在演讲时，也要注意自己的语气。

演讲稿的感情色彩表现在辞章文采上，演讲的思想感情则表现在声音气息上。在演讲过程中，具体的感情色彩体现在语气中。语气的色彩不能随意涂抹，它体现的是语句内在的具体思想感情，是通过气息的变化表现出来的。一般来说，爱的感情气缓声柔；恨的感情气足声硬；喜的感情气满声高；悲的感情气沉声低；怒的感情气粗声重；惧的感情气提声疑；急的感情气短声促；冷的感情气少声平。所以说:正是感情的千变万化，才有气息的千姿百态，也才有了语气的千变万化。

所以，说话要充分表达自己的意思和情感，就要在语气的得体上下功夫。虽有“理直气壮”一说，但有理也要有礼，有理不在声高。有理再加上得体的语气，才会收到“情通理达”的效果。把握好说话语气的分寸，对任何人来说都是非常重要的。

第四章

演讲的修辞技法

以彼物比此物的比喻

刘向在《说苑》中为我们讲述了一个有关“比喻”的故事。

有人对梁王说：“惠子说话时特别好用比喻。如果大王您不允许他打比喻，那么，惠子就没法说话了。”

于是，梁王对惠子说：“希望你今后不要再用比喻的方式说话了。”

惠子回答说：“倘若有个人不知道‘弹’是什么，您告诉他弹就是‘弹’，他能理解吗?”

梁王说：“不能。”

惠子说：“我要把我知道的东西告诉不知道这东西的人们，不用比喻要怎么办?”

梁王说：“看来不用比喻是行不通的。”

这个故事中，原本是梁王不让惠子再打比喻，但是，惠子又巧妙地打了一个比方，说服了梁王。

比喻由本体、喻体和喻词组成。本体是被比喻的事物，喻体是用来作比的事物或对象，喻词则是表明比喻关系的词语，如“仿佛”“恰似”“好似……似的”等。比如：“毛泽东曾说，有些人写文章冗长而空洞，就像懒婆娘的裹脚布，又臭又长。”此处，长而空的文章正是本体，臭而长的“裹脚布”是喻体，“像”是喻词。

一次，爱因斯坦被问及何为相对论，爱因斯坦解释说：“你与你最亲爱的人坐在火炉边，一个钟头过去了，你觉得好像只过了五分钟；相反，你一个人孤孤单单地坐在热气逼人的火炉边，只过了五分钟，但你却像坐了一个小时。这就是相对论。”爱因斯坦用我们日常生活中的经历来阐释深奥的相对论原理，使普通人也能明白深奥的原理。

人们说话是为了说明事物，或阐发道理，或表述情感等，要把这些恰如其分地表述出来，并不简单。如果能运用贴切的比喻，就能化难为易、事半功倍，且具有说服力。

比喻的延伸和扩大是象征

某著名医学教授，正在给刚入学的新生们讲第一堂课：在暴风雨后的一个早晨，一个男人去海边散步。沙滩上有许多被昨夜的暴风雨卷上岸的小鱼，被困在浅水坑里，挣扎着，想回到大海里。远方一个瘦小的身影出现在男人的视线中，那身影不知疲倦地忙碌着。走近一看，原来是一个七八岁的小男孩，他正在弯腰拾起水坑里的小鱼，一条接一条地送回大海，不停地重复着相同的动作。

男人说道：“孩子，你自己救不了海滩上成千上万的小鱼啊。”

“我明白。”小男孩头也不抬地回答着，同时，他并没有停下忙碌的双手。

“既然如此，为什么还做傻事呢？”男人又问。

小男孩只是默默地捡起小鱼，重复刚才的动作。

男人忍不住又问了一句：“你如此徒劳，谁会在乎呢？”

小男孩的回答令人惊愕又感动：“这条小鱼在乎！这条，还有这条……”

讲完这个故事，教授接着说：“今天，你们坐在这里，开始新的学习，从此怎样拯救生命将成为你们每天必修的课程。虽然你们拯救不了所有的病人，但是，你们可以救治一部分人，为他们缓解痛苦。因为你们的努力，人们的命运将发生改变。你们可以使人们的生活变得更加美好，这是你们能够而且必须做到的。”

这位教授在演说中，先是引出一个充满哲理的小故事，然后再借助这个小故事所象征的精神品质，让学生明白自己即将承担的使命。

一般来讲，象征可分为明征和暗征。明征即象征客体、象征意义，联系词在话语中同时呈现，此类象征意义较明显、易懂。如：“人民英雄纪念碑是用一万七千块坚硬的花岗石和洁白的汉白玉砌成的。它象征着先烈们的丰功伟绩，寄托着全国人民对先烈的怀念和敬仰之情……”暗征则只借助对象征客体精细的、巧变的表述来暗示其象征意义，促使人们深思。

故意言过其实是夸张

如果能合理地运用夸张技巧，不仅有利于揭示事物的本质，还能加强说话的感染力，并能启发听者的想象力。运用夸张，必须以现实生活为基础，既要做到言过其实，又要做到合情合理，不似真实而胜似真实。

楚国大夫申无宇的守门奴仆因偷酒后东窗事发而畏罪潜逃，为了活命，他投靠楚王，一跃变成细腰宫守卒。鉴于楚国的法律明文规定，任何人都不准去楚王宫里抓人，那名奴仆就自以为能高枕无忧了。可是，没想到，申无宇却瞒着楚王径直去宫里把那位奴仆捉了回来。

楚灵王对于申无宇的做法甚为恼怒，命令申无宇把那个奴仆放了。

申无宇辩论道："天上有十个太阳，人分十个等级。上层统治下层，下层服从上层，上下各司其职，国家才能稳定和谐。如今，臣下的守门奴仆畏罪潜逃，借王宫之地庇护戴罪之身。假如真的让他得到庇护，那么，其他奴仆便会互相效法，盗贼公行，天下岂不大乱？为了社会的安定太平，永保大王的江山社稷，臣下才不敢遵奉王命。"

楚灵王反复思量了一番，认为言之成理，不再追究。

楚国大夫申无宇把窝藏奴仆之行上升到社会安定、江山社稷的高度，显然是夸大了事实，但却收到了意想不到的效果。足见夸张的力量非同一般。

夸张既有言过其实的一面，也有真实的一面，这就有利于突出事物的特殊性，激发人们的想象，从而形成完整的印象。

有三个人畅谈怎样才够节约，其中一个人说：“我认识一个人，为了节约墨水，无论写什么，字都写得像蚂蚁蛋一样大小。”第二个人说：“我知道一个人，为了降低手表的磨损，天一黑，就把手表停了。”最后一个人说：“你们所说的比我的差远了，我认识一位老夫子，为了节省眼镜，连报纸都不看了。”

倘若为了节约墨水把字写得像蚂蚁蛋，还不算夸张，但是，为了节约眼镜连报纸都不看了，就不能不说是夸张了。

还有一个故事，说一个老人很健忘，去浴缸洗澡时，竟忘了脱衣服，然而，衣服却丝毫未湿，原来，他忘了开水龙头了。其实，再健忘的人也不至于到这种程度，显然有夸张的成分在里面。

夸张允许言过其实，然而，这并不等于浮夸，它必须以客观事实为基础，必须反映客观事物的本质特征，必须做到“夸而有节”“饰而不诬”才行。

运用名言、熟语等阐释事理是引用

“文革”初期，在一次批陈大会上，造反派让陈毅进行所谓的“深刻检讨”。按照当时的惯例，凡开口说话，必须先大声朗读几条毛主席语录。陈毅手捧《毛主席语录》高声说：“翻到第271页！”所有人都安静下来了，原来，语录本上只有270页，人们顿时惊愕。就在这时，陈毅对着语录本高声读道：“陈毅是个好同志！”全场人迟疑片刻，顿时沸腾了。这时，周恩来出面证实，才化解了一场尴尬。

就这样，一场“批陈大会”被陈毅引用的、周总理证实的毛主席“语录”轻而易举地化解了。引用可以接通古今中外的各种语言、多种智慧的精华，彰显说话者知识的博大精深。一个人的语言表达能力无论怎样强，也毕竟是有限的。引用目的就是为了增强表达能力，使其贯通，产生意在言外、出人意料、似浅实深的表达效果。

引用包括暗引、正引、反引和撷引等方式。

1. 暗引

暗引即暗示、引用。“鲁迅有两句诗‘横眉冷对千夫指，俯首甘为孺子牛’，应该成为我们做人处世的座右铭。”这句话中引用鲁迅的两句诗作为激励、警示自己的格言，给人留下了深刻的印象。

2. 正引

正引即用其原意原句。 如教师节的晚会上，一名女学生这样阐释教育的功用：“‘在一个文盲的国家里，是不能建成共产主义社会的’‘一个受了不良教育的孩童，将会误入歧途’‘知识才是引导人生到光明与真实境界的灯烛’，所以，‘教育是最廉价的国防’‘教育的根是苦的，但它的果是甜的’。 教育的根就是我的根。”这一段话引用了列宁、李大钊、柏拉图、亚里士多德等众多名人的名言警句，揭示了教育为本的内在本质，形象有力，气势非凡。

3. 反引

反引即反其意而用之。 毛主席曾这样质问国民党：“照你们的说法，‘破坏团结’的也是共产党，你们则是如何如何的‘精诚团结’主义者。 那么，你们以三个集团的大兵，手持刺刀，配以重炮，闯进广大民众家中，也可以算作‘精诚团结’了？”

毛泽东同志这一段反用，一语中的，戳穿了国民党的伪善面目。

4. 撷引

撷引是撷取原句中部分词语而用之。

毛泽东同志的“言者无罪，闻者足戒”的名句就是撷引了古文段落而成的。 它言简意赅地阐述了人民内部对于批评所应采取的正确态度，倡导和弘扬了民主作风和批评与自我批评的精神，发人深省。

使用引用技巧时，要力争精当，多少适宜。所引用的内容必须以阐述问题为基点，其内容既具有权威性、说服力，又不能老生常谈。

引用修辞必须记住：一是保持引文的完整性，切忌断章取义；二是将引文与所要表达的意思融为一体，变成论说的有机组成部分，不能东拼西凑，或者机械被动地贴标签。

排比能增强气势

1963 年 8 月 28 日，马丁·路德·金在美国华盛顿黑人集会上进行了振奋人心的演讲，他说道：

> 一百年前，一位美国伟人签署了《解放黑奴宣言》。现在，我们站在他纪念像投下的影子里。这重要的文献为千千万万在非正义烈焰中煎熬的黑奴点亮了一座伟大的希望灯塔。这文献有如结束囚室生活前漫漫长夜的一束欢乐的曙光。
>
> 然而，一百年后的今天，我们黑人却依然没有自由可言；一百年后的今天，黑人的生活依然悲惨地套着种族隔离和歧视的枷锁；一百年后的今天，在物质富裕的汪洋大海中，黑人依然生活在贫乏的孤岛之上；一百年后的今天，黑人依然在美国社会的阴暗角落里艰难挣扎，受尽欺负。所以，我们今天来到这里，揭露这骇人听闻的事实。

……

这就是我们的希望，这就是我们带回南方的信念。怀着这个信念，我们能把绝望的大山凿成希望的磐石；怀着这个信念，我们能将我国种族不和的喧嚣变为一曲友爱的乐章；怀着这个信念，我们能一同工作、一同祈祷、一同奋斗、一同入狱、一同为争取自由而斗争，最后，我们将得到真正的自由。

上述演讲词中，第二段以“一百年后的今天”领起的排比句，从黑人没有自由、遭受种族隔离和歧视、过着贫困无着的生活乃至受虐待遭驱逐，并在政治、经济、人身、法律待遇等诸多方面集中地揭露了黑人悲惨严酷的生活情况，让听众为之动容；末段以“怀着这个信念”领起的排比句，表达了将会进行的不懈努力、斗争原则以及奋斗目标。文中排比句式的运用，如江河奔腾，气势磅礴，既淋漓尽致地表达了演讲者的思想和感情，又让听众看到了胜利的希望，从而坚定了一起奋斗的信念。

第五章

演讲者方圆策略技巧

以情动人是有效的说服方式

想要达到说服人的目的，不要过早地透露自己的真实意图，有时需要绕道而行，聊些人家感兴趣的话题，然后再按照预定方案实施自己的计划，这样成功率更高。倘若开始就与对方展开“唇枪舌剑”，单刀直入，往往会遭到拒绝。

伽利略年少有为，他年轻时就下定决心要在科学研究上有所突破，并希望得到父亲的支持与赞许。

一天，他对父亲说：“父亲，我想向您请教一件事，为什么您选择了母亲?”

父亲简单地说：“我喜欢她。”

伽利略又说：“您只愿娶母亲?”

父亲说：“是的，孩子，我向老天发誓。当时家里希望我娶一个贵妇，可是我对你妈妈情有独钟，不愿意与其他女人结婚，你母亲当年是一位姿色动人的姑娘。”

伽利略继续说：“确实如此，你只娶你爱的人。可是，父亲，我现在也陷入了同样的处境。我只喜欢科学，除了科学以外，我无法从事其他行业。我认为，其他职业对我来说没有任何意义，难道父亲要我违背我的内心吗？科学是我今生最为热爱的行业，也是唯一的追求，我对它的爱胜过其他所有行业，凡人皆愿成家，哪怕是最穷的人，都想过自己的婚事，可我却只想与科学为友。我不曾与人相爱，我想今后也不会，我只愿与科学为伴。当人们问及婚事，我就感到羞臊。”

父亲没有说什么，陷入了思考。

伽利略继续说：“亲爱的父亲，我自信有能力为科学做贡献，为什么不让我去实现自己的愿望呢？我有决心能成为一个杰出的学者，并获得教授身份。有了这个工作，我一定会比别人活得更幸福。”

父亲说：“可是我无法给你资金支持。”

伽利略充满期待地说：“父亲，您听我说，许多贫困生都是靠领取奖学金来读书的，这钱是公爵宫廷给的。能否为我申请一次呢？您在佛罗伦萨有那么多朋友，他们对您也是十分尊敬的，如果去请他们帮助，我想一定会有人帮我的。如果您能够到宫廷去为我办这件事，公爵的老师奥斯蒂罗·利希会告诉你我的能力。”

父亲被伽利略的话说动了：“嗯，我尽力支持你。”

伽利略抓住父亲的手说：“我求求您，您一定要想尽一切办法，这关系到我的一生，我以人格向您保证，我会成为优秀的科学家的，并以此来报答您。”

最终，伽利略借助父亲的帮助，实现了自己的理想，成了一位令世人瞩目的科学家。

那么，说话时应如何婉转表达，又怎样才能实现自己的目的呢？以下几点可供参考：

1. 先讲些其他不相关的话题

许多人喜欢单刀直入式的说服方式，认为这样最有效，殊不知，并非任何人都适合这种说服方式。 因此，就要因人而异。 现实生活中，许多人会排斥他人的直言，认为那是一件丢面子的事。如果说服方能采取正确的说服方式，往往更容易说服对方。

在说服别人时，先讲些无关主题的话，便可帮助人们实现说服目的。 它不但可以降低被说服者的防范意识，还可以使交谈双方产生共鸣，为实现目的奠定基础。

2. 推彼及此

在闲谈过程中，多谈及两人的共同爱好，让对方感觉你们之间有许多共同的特质，从而产生共鸣。 这就意味着你离成功不远了。

激情是演讲的灵魂

激情演讲是最能表现一个人口才的说话方式，相应的，这也需要很强的口头表达能力。 一个没有良好口才的人，无法做到激情演讲。 激情源于梦想，它能引发潜在的能量，爆发内心的激情。 练就好口才就要学会演讲，而演讲一定要充满激情。 因此，像美国总统奥巴马一样激情演讲，让你的听众为你欢呼吧。

激情来自心灵，出自行动。 它需要积极的心态做沃土，不断的努力做养料，辛勤的汗水做阳光雨露，孕育最后的成熟。 而激情演讲的基本要求就是要充满激情，从而打动你的听众。

美国伊利诺伊州联邦参议员贝拉克·奥巴马正式接受美国民主党总统候选人提名，美国历史上第一名主要政党黑人总统候选人宣告诞生。

奥巴马当晚在8万多名现场观众注视下发表时长44分钟的演讲，试图向会场内外的美国人证明：他与选民没有距离；他能在总统选举中打败共和党总统竞选人约翰·麦凯恩。

面对震耳欲聋的掌声，奥巴马看似完全放松，泰然自若。“怀着强烈的感激和深深的谦恭，我接受你们的美国总统候选人提名。”他试图在演讲中与中低收入阶层选民拉近距离，使他们相信，自己与他们没有距离。奥巴马说，那些从伊拉克和阿富汗回国的老兵让他想起自己曾参加第二次世界大战的外祖父；那些生活压力过重的学生让他想起自己吃苦耐劳的母亲；那些遭遇职场歧视的女性则让他想起外祖母。

“我了解（你们的苦衷），”奥巴马说，“我今晚站在你们面前，因为全美国有一种情绪在涌动。那些对我说‘不’的人并不理解，这场选举的主角不是我，而是你们。”

提及对手麦凯恩，奥巴马完全“拉下脸”。他说，在经济、医疗保障、教育等一系列问题上，麦凯恩从未有过“独立”观点，简直是美国总统乔治·W. 布什的翻版。奥巴马说：“我不认为麦凯恩不在乎美国人的生活遭遇困难。我只是觉得他根本不了解。”

奥巴马说：“11月4日（总统选举日），我们必须站起来说：‘8年，够了！’”

上面的文字中部分引用了奥巴马在竞选总统时的激情演讲，从这个演讲中不仅能看出奥巴马的演讲能力与口才，还能看出他的说话方式与演讲稿中所要求的语气的契合程度。可以说，没有好口才，是不能把握好其中的分寸的。锻炼口才的一个重要方式，就是训练自己的演讲口才，掌握激情演讲的技巧就能掌握说话的方式，进而使自己的口才得到极大的发展。

好口才是后天训练出来的，激情演讲的口才也是可以通过后天的锻炼培养出来的。而且激情演讲也是一门学问，想要改变自己的说话方式与口才，就要掌握激情演讲的方式。只有好的激情演讲方式，才能打动、鼓舞并召唤听众。

好的激情演讲总能给人们留下深刻的印象，做到激情演讲，就应该注意如下几点：

首先，要主题鲜明。主讲者在演讲中要旗帜鲜明地表明自己的主张和观点，其主见不能模棱两可，人云亦云，要有别人不曾有过的见解；其次，要有激情。演讲时要神情激昂，精神饱满，吐词铿锵有力，掷地有声，富有极强的感染力；再次，选用材料突出典型，用突出典型的材料来证明自己的观点，使别人无可辩驳；最后是结构严谨，逻辑性强。总之整篇篇幅要短小精悍，通过摆事实、讲道理，以理服人，以情感人，以达到召唤人、感染人的目的。

当然，要做到激情演讲需要注意的地方并不仅仅只有上述几点，但是它们却是最主要、最基本的。好的演讲还需要再掌握上述方式的情况下做到层次清楚、主题集中、讲述流畅，这样就是掌握了好的演讲技巧了。

而做好激情演讲，还应该控制自己的心态，以适应演讲中的“八大心态”。而所谓的“八大心态”就是成就心态、学习心态、付出心态、宽容心态、平常心态、乐观心态、自律心态、感恩心态。“八大心态”之间有一种内在的关联，理清楚了它们之间的内在联系，对掌握激情演讲的重要方式有积极的意义。

让你的演讲兴奋起来

演讲说到底是思想的共鸣、情绪的感染。演讲中最能赢得听众情感共鸣的是你思想的火花。所以在演讲中要不断地设置一些“兴奋点”，所谓兴奋点，是指散落在演讲稿中那些富有激情，容易对听众产生较强刺激或引起其高度重视、能产生强烈共鸣的词句。在演讲稿中设置兴奋点，不但能有效地引发演讲者的深入联想，有利于增强演讲者的自信心，使演讲更加生动感人，而且会让听众时刻跟着演讲者的思维转。这样，台上台下就会同呼吸、共悲欢，形成讲与听的整体效应。

正常一篇演讲稿，开台、主体、结尾都要能够有“兴奋点”，同时要争取在主体部分比较长的情况下，能够每隔两三分钟设置一个“兴奋点”，让演讲整个流程起伏有度、有张有弛、收放自如，这样的演讲水平就很高了。那么，如何设置演讲的“兴奋点”？

1. 酝酿浓厚情感，留出掌声空间

掌声能够活跃会场气氛，给演讲者以感情回报，使之心情更加愉快，思维更加敏捷，也能给听众以陶冶，使之更加认真投入。掌声的调剂会使演讲产生强烈的现场感染力。因此起草演讲稿时应有意识地给掌声留出一定的空间。这就需要在演讲稿中主动运用那些带有浓厚感情色彩、充满激情的语言，那些立场鲜明、见解独到、能够给听众以深刻启迪的语言和那些热情歌颂真善美、无情鞭挞假恶丑的语言。 这些语言能让听众受到激励、鼓舞和启发，从而自发地鼓掌。

2. 运用名人佳句，满足听众心理

所有能够引起听众兴趣和热切关注的事例、名言、佳句和精辟独到的见解都属兴奋点的范畴。

在演讲稿中，按照演讲内容需要，有计划、有目的地选取一些兴奋语言，绵延不断地“埋设”在演讲稿中，让它像星星一样闪烁，像眼睛一样放射出睿智的光芒，会拉近演讲者和听众的心理距离，满足听众的心理需要，但要讲求顺理成章、水到渠成，千万不能不顾对象，故弄玄虚，刻意求工。

美国总统杜鲁门在日本投降时发表的广播演说中，首先把人们的注意力集中到了日本签署无条件投降的美军军舰密苏里号上，接着又回顾了四年前的珍珠港事件，让所有美国人的心都为之跳动，在缅怀亲人的同时，阐明这是自由对暴政的胜利，并认定“胜利后的明天将是全世界和平与繁荣的希望”。 整篇演讲起伏有致，既肯定了民族的精神与意志，又让人民对明天充满必胜的信心。

3. 敢于打破定式，善于标新立异

人都有好奇心，满足人们的好奇心和求知欲本身就具有兴奋作用。 打破常规，标新立异是设置兴奋点的好方法。 为了使演讲吸引听众，在尊重文化传统和思维习惯的基础上，要对演讲稿进行必要的创新，打破思维定式，要敢于创造，善于借鉴，造清新之气，树时代新风。

外交场合的演讲大多平稳有度，但1972年尼克松来华时，在一次演讲中却说：

> 长城已不再是一道把中国和世界其他地区隔开的城墙。但是，它使人们想起，世界上仍然存在着许多把各个国家和人民隔开的城墙。长城还使人们想起，在几乎一代人的岁月里，中国和美国之间存在着一道城墙。

听到这里人们不知来意是善是恶，自然细心聆听下文：

> 四天以来，我们已经开始了拆除我们之间这座城墙的长期过程。

一句话让人轻轻放下提起来的心。

4. 加大抑扬顿挫，提高刺激强度

从生理学角度讲，在额定域值内，人的感官接收外来刺激的强度越大，神经兴奋的程度越高。 心理学研究表明，人们最容易记住对自己有重大影响、对自己有利的、自己主观愿意记住的或给予自己重大刺激的信息。 听众对演讲反映强弱，或者说演讲对听众兴奋程度的影响，一定程度上取决于演讲语言的强度。 演讲语言的强度主要取决于演讲者对演讲内容的熟悉程度、对事物的感悟程度、对问题分析的透彻程度和现实立场的鲜明程度。 演讲要尽最大努力把问题看得透彻，准确，鲜明，始终给听众一种压力感和责任感。 在演讲中，声音忽高忽低，节奏忽快忽慢、抑扬顿挫，则演讲效果会出奇地好。 一般在声音由低到高、由慢到快的过程中，会引起强烈的冲击力，让听众产生共鸣。

5. 运用各种语言炸弹，让你的演讲威力四射

“语言炸弹”是我创造的一个词语，是指在演讲中能够吸引听众、引起共鸣的绝妙好辞，一般语言炸弹是采用各种各样的修辞手法来制造出来的强烈“听觉效果”，比如对比、排比、比喻、拟人、顶真等等。

比如泰戈尔在清华大学的一次演讲开头便说：

> 我的年轻的朋友，我眼看着你们年轻的面目，闪亮着聪明与诚恳的志趣，但是我们的中间却是隔着年岁的距离。我已经到了黄昏的海边；你们远远地站在那日出的家乡。

这是运用对比的形象化语言，这些相对陌生而又清新雅致的诗句从诗人的口中缓缓流出，哪一个听众能不为之动情动容，继而为他的连珠妙语所吸引？ 他由此升发开去的保持纯净灵魂和自由精神的演讲自然就异常深入人心。

6. 态势语言辅助相得益彰

态势语言指仪态仪表和肢体语言、表情三方面。 在演讲中，充分运用手势语言，把表情打开，投入到演讲当中去，与演讲内容的主人公同呼吸、共命运，把“演”这一部分充分演绎到位，自然能够引起听众共鸣，赢得阵阵掌声。 这一点，很多的著名演讲大师、表演艺术家都是我们学习的表率。 我的网站上有很多演讲大师的视频，希望大家多多模仿，用心体会。

一篇演讲，如果无法让听众和你共鸣，那是僵死的演讲；一篇

演讲，如果无法感化你的听众，那是枯燥的说教；一篇演讲，如果从头到尾没有一点掌声，那是没有任何互动的念经！

真正的演讲，是情绪的沟通——全身心地投入进去，用你的生命去演讲，用你的心灵去感化你的听众，让听众能够触摸到你的心跳，让听众去感受到你的笑容和眼泪，让听众体会你激情流淌的血液，让你和你的听众、你的听众和你融为一体！ ——你才能用你的生命点燃别人的生命！

充分表现内心的热忱

当你走上演讲台时，要带着充满企盼的表情，而不要像一个登上绞刑架的犯人。 或许你轻快的步伐是假装出来的，但它却能为你创造奇迹，让听众感受到你谈这件事的强烈愿望。

在演讲之前，你可以再深吸一口气。 不要靠着讲桌，抬起头，仰起下颌，告诉你自己：“我现在就要给听众讲一些有价值的事情。”在这种提示下，你全身的每一部分都应该清晰地表现出你想让听众知道这一点。

你要把自己想象成大权在握，就像威廉·詹姆斯教授所说的那样，要表现得“好像是这样”。 如果能将你说话的声音传到大厅的后方，这样的音效会让你更有信心。 如果你在一开始就能使用手势，它们更能令你精神振奋。

杜纳德和艾林诺·雷尔德把这些行动描述成“预热反应”。 在任何需要心灵感觉的情况下，这项原则都很适用。 在他们的著作

《有效记忆的技巧》中，以罗斯福总统为例，说他“活泼而愉快地度过了一生，他充满了雀跃、活力、冲撞和热忱。这些正是他的特征。他总是对自己要处理的一切事情充满了浓厚的兴趣，浑然忘我，或者假装得就像这个样子”。泰迪·罗斯福也这样阐释了威廉·詹姆斯的哲学：“表现热烈，这样对自己所做的一切自然便会热烈起来。”

总而言之，要牢牢记住这句话：如果你表现出热情，你就会感到热情，去打开听众的心扉。

罗素·康威尔的著名演说《发现自我》，前后发表过近 6000 次。或许你会想，重复这么多次的演讲，可能已经根深蒂固地刻在演讲者的脑海里，演讲时的字句音调该不会有任何改变了吧？但结果并非如此。因为康威尔博士知道，听众的知识水平与背景各不相同，那么必须要让听众感到他的演讲是有针对性的、活生生的东西，是特意为他们准备的。

为什么他能在一场接一场的演讲中成功地维系着和听众之间轻松愉快的关系呢？下面就是其中的奥秘。

“当我到了某个城市或某个城镇时，”他写道，“总是先去拜访那里的经理、学校校长、牧师，然后走进店里同人们交谈，了解他们的历史和他们个人的发展机会。然后，我才发表我的演讲，对那些人谈论适合他们当地的话题。”

康威尔博士非常清楚，成功的沟通有赖于演讲者使他的演讲成为听众的一部分，同时也使听众成为演讲的一部分。尽管《发现自我》成为最受欢迎的演说，但我们却找不到一本演说词的副本，也正是这个原因。由于康威尔博士聪敏睿智、洞察人性，而且又勤奋谨慎，所以尽管这一相同的题材他已经给大约 6000 场的听众讲过，但同一次演讲不会说两次。

通过这个例子，也许你应该有所领悟：准备演讲时，头脑里始终应该想着特定的听众。

深入人心，力求共鸣

演讲要收到最好的效果，演讲者最好学一些心理学的知识。要求演讲者了解听众的心理，演讲内容要触动听众的心，把握住听众。“对症下药”就是常用方法之一。

对症下药是演讲者抓住听众的心理需要、以多种手段吸引听众注意力的演讲方法。

据报载：在美国某地一处公路的急转弯地方，竖着一块大牌子，上面画了一个漂亮的姑娘，笑眯眯地对着向她开来的汽车说：“我喜欢开慢车！”据说，那个急转弯的地方从此很少出车祸。据调查，司机们到那里都愿意一睹这位妙龄女郎的芳容，所以一般都减速。而且有的司机还说：“你既然喜欢开慢车，我就慢些吧！”

这块牌子的高明之处就在于它的构思新颖奇特，抓住了司机的兴趣、爱好和需要，那位姑娘的话本身就是对司机的尊重，效果不同一般。而公路上的一些路牌如“车辆慢行，减速”“一看，二慢，三通过”，意思都非常清楚，但不会给司机留下什么印象。

演讲也要匠心独运，抓住听众的心理需求。

卡耐基曾讲述这样一个故事：一个记者去采访某公司的经理。正逢经理的女秘书在向经理道歉，说是没有为他的小孩找到邮票。所以，这天经理对记者态度很冷淡，没有什么收获。第二天这位记者拿了一些世界各地的邮票又去找这位经理，说是为他的小孩集邮送些邮票。可想而知结局会有多么美满。这就是掌握对方需要的重要性。演讲者必须时刻牢记听众的需要，只有对症下药，才能吸引听众的注意力。

演讲中除了要研究听众心理外，还要研究人们的心理定式。当一个人拒绝接受对立意见时，他的抵触心理使其从精神到肉体都处于紧张收缩的状态。这种状态下的人，极不易改换思考问题的角度。反之，当一个人对谈话的对象怀有好感，对谈话内容产生兴趣时，他的精神和肉体都会处于一种放松的开放状态。这种状态的人很容易重新考虑或换一个角度思考问题。人们的一定心理活动所形成的准备状态，决定着以后同类心理活动的趋势，这就是心理定式。心理定式具有传染性。不良的心理定式，会给演讲带来极大的阻力。一场演讲，有一部分人鼓倒掌，喝倒彩，全场形势就会很难控制。这就需要演讲者事先掌握听众的心理定式，在演讲准备中研究心理定式，在演讲过程中创造良好的心理定式，为演讲获得成功铺路。

创造出心理相容的气氛。听众乐于听取讲话是演讲成功的第一步。要让听众按照你的思路思考，一步步向你的观点靠近，这就要求演讲内容不超出听众心理所能承受的程度，能够“心悦诚服”。一旦超出听众心理相容度，就会让听众产生逆反心理，产生不良的心理定式，演讲也就功亏一篑了。

第六章

演讲训练:利用声音技巧提升演讲口才

注重语言训练

由于语音的形成建立在人们约定俗成的基础上，所以，音、义、符之间没有必然联系。某个声音有某种意义是由于习惯使然，不同的地方具有不同的特征，仅在我国就有八类使用广泛的方言。

口语信息的传递与接受的有效性，要靠准确无误的语义表达来实现，“说”和“听”都要具备对语音的使用和理解能力。那么，语音训练要注意哪些问题呢?

1. 控制气流，正确发音

语音是声带运动的结果，声带产生语音后，口、鼻、喉、咽、胸产生共鸣将声音传出，唇、舌控制气流形成各种不同的话音，发音的方法也各不一样。

因此，我们必须准确地记住这一点，掌握正确的发音方式，特别是使用方言的人，更要注意区分方言与普通话的发音特点。

2. 吐字清晰，干脆利落

吐字时，由于时间仓促，不可能注意到每个音节，在念字时重音主要落在韵母的元音上，发音应是字头短而有力，字腹圆润饱满，字尾缓慢渐弱。整个音节应干脆利落，避免拖泥带水、含糊不清。

3. 声调准确，注意区别

汉语的音节少，加上声调才能区别同音节字，特别是在口语中声调成为辨别字的主要根据，因此，口语表达要重视声调的准确性，避免混乱甚至全然相悖的结果。

4. 口齿灵活，自然流畅

说一段话需要连续发许多个音节，要使话语自然流畅，并且使每个音节清晰准确，需要我们加强训练口齿的灵活性。 连续发音时，舌要在唇、齿、龈、腭等部位之间来回伸缩，舌尖、舌面、舌根要交替发力，唇要做出圆、扁、开、合、撮、闭等动作来控制气流的停歇，动作迅速。

如果口齿不灵、唇舌无力，就会使音节含混，从而影响表达效果。 锻炼口齿的灵活性可通过朗读规范文字作品的方式来训练，训练过程中要注意语速。

5. 清晰悦耳，富有魅力

音质对语意表达和情感传递有很强的影响作用，美丽的音色能对人产生强烈的吸引力，使语言富有感召力。 因此，要训练自己的发声。

正确的发音姿势是：挺胸、收腹、提气，颈部、背部、腰部要自然伸直，胸肌放松，用力合适，使气流运行通畅，以实现良好的共鸣效果，从而使语音浑厚有劲、轻快自然、清晰动听。

注意培养语感

语感，不是指语言的感情色彩，而是指人对语言的感知力和反应力。当一连串散乱的语流，通过听觉或视觉等感观系统传入你的大脑时，你能否迅速准确地做出反应？当某种事物呈现在你眼前，或某种意念产生于脑海时，你能否迅速准确地找到恰当的形容词，并将其连贯顺畅地表达出来？这就是语言的反应能力，也可以将其称为语言的触发功能。

尽管人们现在很少用对联或赋诗的形式进行交谈、答问、论辩和演讲，但迅速、准确、合适的语言感应力仍然十分重要。而且，敏锐的语感、机智的口才也是每一个渴望进取的人都可以培养起来并加以强化的。

那么，怎样培养和训练敏锐的语感呢？

1. 积累语言材料，多多益善

汉字有 6 万多个，但常用的大约有 3000 个。只要掌握了常用字，在日常生活中就足够了。这个标准，对于任何具有高中以上文化水平的人来说，都是可以达到的。

所谓积累语言材料，主要是指词汇积累。词汇的数量要比字的数量大得多，难以统计。我们要培养敏锐的语感，一定不能忽视词汇的积累。

人脑不怕多，就怕空。其记忆的容量是难以想象的，相当于全世界图书馆信息量的总和，是数字电子计算机容量的100万倍。所以，不论多少信息，正常的人脑都能容纳得下。只要我们用心，积累大量的语言材料是没有问题的。

2.辨析词的特点，愈细愈好

词语的组合和运用，既要求人们在使用时必须遵守一定的规则和要求，也要求人们注意它们之间的区分。

良好的语感代表着用词造句既快又准，这就要求使用者必须对每个词的词性、词义、程度、色彩及其相互搭配的特点都有细致的了解。

在这一过程中树立“推敲”意识。一字之差，意味相差千里。“敲”比“推”不仅词意不同，给人的感觉也不一样。一个是幽静之感，一个是孤寂之意；一个是礼貌询访，一个是莽撞私闯；一个是音节滞涩，一个是音节响亮。仔细琢磨，只有这样，才能取巧避拙，运用自如，形成敏锐的语感。

3.注意词序、虚词，熟练编码

词序就是词或词组排列的顺序。汉语不论句子长或短、语意简单还是复杂，对词序的格式都有一定要求，即一句话总是先说什么人或什么事物，然后再说这人或这事怎么样或如何了。有时词序改变，句子尽管照样可以讲得通，但意思却已经改变了。因此，要养成正确排列词序的习惯。

虚词虽然没有具体概念，没有实在意义，但在遣词造句时，特别是在句意复杂的句子中，它们往往起着至关重要的作用。

总之，要提升自己的语言能力，特别是提高口语表达能力，一定要注意训练敏锐的语感。

语调是语言表达的第二要素

语调是语言表达的第二大要素，也被人们称为语言表达的第二张“王牌”。什么是语调？语调即说话的腔调，有高低轻重缓急之分。每个句子都有不同的语调，恰当地使用语调，能表达特定的语气和情感。

形成语调的因素很多，最重要的是思想内容和感情态度。语调变化万千，很难找到完全一样的形式。为了便于练习，我们对其进行了简单分类：

1. 升调情绪亢奋，语气是由低向高，句尾音强且向上扬起

一般用于发问、等待回答、意外惶恐、中途顿歇、全句未完、发令号召、进行号召等情况。

2. 降调情绪稳定，语气是由高向低，句尾音弱而下沉

一般用于陈述句、肯定句、感叹句、祈使句等句型。

3. 平调情绪沉稳，语气是基本平直的，首尾音量相同

一般用在表示庄重严肃、踌躇迟疑、平静沉思等情况中。

4. 变调情绪激动或情感多变，语气起伏曲折

声音或由高而低再扬起，或由低而高再降下，或变化更大，多

用于语意双关、言外有意、幽默含蓄、故意讥讽、惊讶万分等情况。

语调的变化，是在某种基本语调的基础上进行的。 通常，基础语调在中音区进行，并在此基础上发生语调变化：表现高昂、激动、紧张、热烈、愤怒、仇恨等情绪的语调，是在高音区进行的；表现低沉、悲伤、凄凉、沉痛等情绪的语音，一般在较低音区进行。

语调训练一般包括以下内容：

1. 把握重音

重音也叫重读，在口语表达中，它有突出重点、强化语意的效果。 表达时，语句中的词语在语义上并非同等重要，而是有主有次、有轻有重。 表达者有意加重某些词语的发音，即所谓“重音”。

同一句话，由于重音位置的变化，表达含义就会不一样。 如我们用“今天我来这儿讲课”这句话来说明，重音不同，表意就不同：

今天我来这儿讲课（明天不来）
今天我来这儿讲课（不是别人来）
今天我来这儿讲课（明天在别处讲）
今天我来这儿讲课（不是来聊天）

因此，我们得出结论，重音的位置对语意能否准确表达有重要影响。

如何确定重音位置？ 这就需要我们明确话语的重点，明白话语的主旨，真正抓住每句话的表意重点，而重点表意词往往就是重音词。能否正确使用重音，是能否准确表情达意的关键。

2. 巧设停顿

停顿是指说话时有顿挫。它的功能在于：首先，停顿起着标点符号的作用，它是说话时换气的间隙，既能结束上句，又能开启下句，以此加强语言的准确性和表现力。其次，停顿能使语句抑扬顿挫，它以间歇的长短、停顿的次数形成语句的节奏，给人以韵律美。

停顿要适当、得体，考虑到表达规范，不能过于随意。停顿的位置不同，语意也就不同。如：

你/了解我不了解？↗（问是否了解自己）

你了解/我不了解。↘（承认自己不了解）

你了解/我不了解？↗（不承认自己不了解）

你了解我/不了解？↗（想证实别人不了解）

你了解我不/了解？↗（不相信别人了解）

你了解我不/了解。↘（明白别人了解）

停顿会产生话外之音，让人觉得变化无穷。训练有素的口才家都善于巧妙利用语句的停顿，启迪听众思考，使他们听后能细细回味，以达成理想的演讲效果。

巧设停顿还包括善用停连。停连是口语表达时声音的中断和延续。当断不断，语序混乱；该连不连，语意难全；有断有连，方能语意通畅。所以，必须注意停连的训练。

3. 善用语调

语调的变化充分表达说话者的情感。同一个句子根据语调高低升降的不同，就可以表达出不同的感情。譬如：

这是一百万元？（啊！好吓人哟！）——吃惊

这是一百万元？（别吓人了！）——轻蔑

这是一百万元？（糟！）——后悔

这是一百万元？（好高兴啊！）——喜悦

这是一百万元？（真稀奇）——好奇

这是一百万元？（开玩笑）——疑问

练习音色，强化改变

音色，也称“音质”，即人声音的本质。由于每个人先天的声带不同，其音色也就不同。有的人音色轻快动听，有的人音色普通平凡。

音色训练可以这样来进行：

1. 音高与音低的练习

选择“离离原上草，一岁一枯荣。野火烧不尽，春风吹又生”进行练习。

（1）先用低音开始说，一句句地升高，接着一句句地下降。

（2）说时一句高，一句低，交替进行。

（3）每个字的发音由低到高，再由高到低。

2. 音强与音弱的练习

（1）小音量的练习，虽然音量要尽量小，但吐字要清晰。

（2）中音量（正常音量）的练习，要求做到吐字清楚，抑扬顿挫。

（3）大音量的练习，要求做到气息大，音色高亢洪亮。

（4）小、中、大音量相互结合练习。

3. 实音与虚音的练习

（1）实音练习。要求做到音色结实，清晰准确。

（2）虚音练习。说话时气息强，注意控制音量，吐字清晰。多用虚音来表达感叹、回味、夸张等感情。

4. 虚实结合练习

（1）明朗音色发音练习。这是我们表达时常用的音色，要做到朗朗上口。

（2）暗淡音色发音练习。暗声的气息共鸣点分散且偏后，音色暗淡，多用于表达悲伤、抑郁等感情的语句。

（3）明暗对比发音练习。通过明暗发音对比，能更准确地表达想表达的思想感情。

5. 刚声与柔声练习

（1）刚声发音练习。气息均匀，音色洪亮，铿锵有力，声音洪亮。

（2）柔声练习。富有节奏，音色优美，让人如沐春风。

（3）刚柔对比练习。声音可刚可柔，刚柔并济，使声音于刚强中藏有柔韧，于柔韧中富于变化。

使用重音，增强表达效果

重音也叫重读，说话人根据情境，故意加重某句话、某个词组、某个词的发音，或某个字说得重一些，这就是重音。

那么，如何在一篇发言中确定重音呢？主要有下面一些方法：

1. 词的轻重音

主要表现在音节上，双音节的词有“重轻”和“中重”两种形式：“重轻”即重音在前，轻音在后；“中重”即中音在前，重音在后。“中重”的情况比较普遍。三音节的词，以“中轻重”为主要形式。四音节的词，以“中轻中重”为主要形式。

2. 句的轻重音

主要有两类情况：一种是语句重音，是由于语句的结构自然表现出来的重音。“语句重音”一般不太重，在原语句的基础上略有提高。另一种是逻辑重音，也叫“强调”重音。这是一种特重音，音量比词的重音、语句的重音都要大。它可以进一步强化词和语句的表达，也可以使词和语句中的“非重音音节”转化成重音或特重音，以突出词句的某个意思。

3. 感情重音

在口语表达中，应情感表达的需求，对那些表达感情起决定作用的词语、句子、段落，要相应地加重音量，这就是感情重音。感情重音可以使话语表达的色彩更加丰富，情绪饱满充沛，进而感染听众的情绪。

懂得了如何确定重音之后，接下来就要训练重音。常用的重音表达方法有以下几种：

（1）加强音量法。即把重音读得再重一些，再响亮一些。

（2）拖长音节法。即把重音音节拖长，加以强调。

（3）一字一顿法。即在需要强调的字词前后做改变，使表达更加清晰有力，情感真挚感人。

（4）重音轻读法。即把要强调的字、词或句子减小音量、拖长音节，同时加重气息。这种重音轻读法，可以用来渲染意境，表达深沉凝重、含蓄内向的感情，同时让语言听起来语轻音弱，在听众心里产生巨大震撼。

在使用重音法之前，要先学会取消重音。因为，有些初学者常常在开始时会滥用重音，养成了错误的重音习惯。因此，要将这些妨碍正确区分重音的习惯杜绝掉，才能在此基础上，恰当地使用好重音，以便更清楚地表达自己的想法。

第七章

演讲训练:吐字间发音的技巧

语言节奏与情感相协调

通常来说，语言的节奏速度应与内在情感相协调。根据发言者的思想感情所呈现的状态不同，声音的节奏速度也随之产生不同的改变。有时轻快，有时凝重，有时高亢，有时低沉，有时急促，有时舒缓。

人们在表达快乐、兴奋、惊惧、愤怒、激动等感情时，语速较快。在表达忧郁、悲伤、痛苦、失望等情绪或心情沉静、回忆往事等心理活动时，语速较慢。当然，也有特殊的情况。如内心明明很紧张、很激动或很愤怒，但语流速度却很平缓，不过，听众可以从说话者平缓的节奏中，体会到说话者内心因为感情而产生了激变。

节奏感强、音色动听、语意连贯的语言，如同优美的歌曲。有些词语需要快速念出来，就像歌曲中的 8 分音符和 16 分音符；还有些词语必须念得慢一点，拖长些，就像歌曲里的全音符和 2 分音符；而有些连贯一气的词语，就像是二连音或三连音。

字母、音节和字词，是语言中的音符，可以组成一曲优美的旋律。正是由于这种有节奏感的语言，才使人们的语言变得富有魅力。因此，要使自己的口语表达如同音乐般优美动听，就必须掌握语言的节奏。

正确处理语言节奏，既符合情感表达的需要，也是说话者思想水平和涵养的体现。为了更好地进行语言节奏的训练，下面为大家介绍几种简单的节奏类型：

1. 轻快型

语调多扬少抑，语音多轻少重，语句多连少停，语流明快活泼。如《荷花淀》中水生与媳妇们嬉戏的一段语言，就是这种类型。

2. 凝重型

语调多抑少扬，语音多重少轻，语句多停少连，语流平稳厚重。朱自清的散文《背影》就是如此。

3. 低沉型

语调压抑，语音沉痛，停顿多且长，音色暗淡，语流缓慢。《一月的哀思》就属于这一类。

4. 高亢型

语调高昂，语音响亮，语句流畅，语流顺畅。《白杨礼赞》《最后一次演讲》就是如此。

5. 舒缓型

语调多扬，语音多轻，气息顺畅，声音明亮轻柔，语流舒缓。峻青的《秋色赋》就是这种类型。

6. 紧张型

语调多扬少抑，语音多重少轻，语气强且短促，语流速度较快。山东快书《武松打虎》就是如此。

要掌握语言节奏，首先要掌握进行通篇讲话或一次完整性谈话的基本节奏。然后，再根据讲话的整体内容调整节奏，使说话节奏与内容的表达节奏和谐一致，充分地表情达意。

练习发音，重视吐字清晰度

每个字都是有意义的，都是情感的载体，我们说话吐字能力如何，对我们的表达能力有重要影响，因此，必须加强吐字训练。

1. 吐字要求

一是要“真”，二是要“美”。“真”，准确规范，清晰具体。要按普通话语音规律发音，不能读错，也不能含糊，要干脆利落，真真切切。“美”指的是发音要好听，动听圆润，灵巧流畅。

要达到这种效果，就必须在符合语音标准的前提下，加强对口腔的控制。在“真”的基础上讲究“美”，真美结合。做到动听并且规范，饱满圆润而不单薄、苦涩，灵活巧妙、流畅自然而不笨拙呆板。

2. 吐字要领

吐字归音是传统戏曲中的训练方法，是指对字头、字腹、字尾进行处理的完整过程。对字头、字腹、字尾的处理，分别被称为出字、立字、归音。

（1）基本要求。出字：要求发音准确有力，叼住弹出。

字头：包括声母和韵头（介音），要发好字音就必须把握好声母的发音部位、发音技巧和韵母的“四呼”。要注意有“叼”与“弹”的感觉，而不是直着往上“喷”。

立字：要将音节之间拉开距离，吐字才能圆润饱满。立字主要是对字腹即韵母中主要元音进行处理，其关键在于口形。口腔要适当张开、松紧合宜，立音舒展丰满，结实稳定。

归音：要趋向鲜明，准确到位地将声音减弱收起。归音主要是对字尾即韵尾进行处理，口腔由开到合，肌肉慢慢放松，声音由强到弱。南方人要特别注意区分前后鼻韵 n 与 ng，不能将二者混淆。

（2）枣核形。叼住字头，拉开字腹，弱收字尾，就形成了所谓吐字归音的“枣核形”，即声母、韵头为一端，韵尾为一端，韵腹为中心。这样的吐字方式，点面结合、丰满舒展，能给人以美的享受。

同时，不能片面理解“枣核形”的概念。这是因为，我们是在“说话”，不是在“念字”。在有节奏的语流中，不可能把每个字音都发得非常到位，否则，会显得很死板。

（3）零声母字和开尾字的发音。零声母字和开尾字指的是结构不全的字，在吐字时与头、腹、尾齐全的字发音是有区别的。而所谓的零声母字，就是没有声母的字。

具体分为两种情形：一种是既无声母也无韵头的无头字，这类字在开始发音（注意指的仅仅是开始）时要适当增加其他主要元音的发音紧张度，使吐字清晰有力；另一种是无声母但有韵头的有头字，发音时，要把韵头当声母来使用，发音宜短而有力，突出分散的特点。

（4）坚持“取中”原则。强化表达效果，在实际发音时，要坚持“取中”原则。“取中”有两层含义，一是相对于日常吐字发音和进行演唱时的吐字发音而言，介于二者之间；二是根据语音自身特点灵活应用。

我们这里说的是后者。在符合语音规律、保证语音原有的前提下，我们认为发音应该这样做：前音稍后、后音稍前或开音稍闭、闭音稍开、横音稍竖、竖音稍横。

恰当停顿表达句意感情

停顿是指口头表述时，在词语之间、句子之间、段落之间进行的间断。说话、演讲时，如果不注意进行语音停顿，就容易造成混乱。而且，如果停顿得不恰当，反而会造成表意错误。因此，停顿是能完整的表情达意的必要手段。

恰当的停顿，能准确表达句意和感情，也能让听众在听后能有所领悟和思考，还可以使说话者得到中间休息换气的机会。

停顿有以下四种情况：

1. 语法停顿

根据标点进行停顿，能让听众在听后有所领悟和思考。因此，其停顿的时间、方式不尽相同。我们平时说话时，段与段之间是停顿最长的，句号、问号、感叹号停顿的时间较长，逗号、分号、冒号次之，而顿号的停顿时间最短。

2. 逻辑停顿

书面语言用标点表示停顿，但在口语中，为了加强表达效果，可以根据情况合理地进行适当的停顿。 词组之间的停顿富于变化，但停顿也不可滥用，要根据当时的实际情况，做出适当的选择。

3. 感情停顿

也称为“心理停顿”，其目的是为了强化感情。 恰当地进行感情停顿，可以使悲伤、激动、不安、质疑、沉吟、回忆、思考、想象等复杂的感情和心理状态更准确地表达出来。

感情停顿是一种我们需要掌握的非常重要的语言技巧，它能充分体现“隐语”的作用，使听众从说者的停顿中体会语言的内涵和感情，从而使语言听起来更加生动。

4. 生理停顿

即中间自然的停歇换气。 通常说来，生理停顿与其他三种停顿方式不可分离。 这种停顿必须符合语法、规定、逻辑的需要，且一般不单独进行。

要掌握停顿艺术，还要注意时间长短和气息调节。 一般情况下，句子越长，含义越丰富，停顿也就越多；句子越短，含义越少，停顿也越少。 表现回忆、思考等心理状态和凝重、含蕴的感情时，停顿多，时间长；而表现愉快、轻松的心情时，停顿少，时间短。

停顿的气息处理，必须根据语意合理进行，有时急停，有时慢停，有时强停，有时弱停。 这种气息停顿的变化，是为了突出内在情感。

停顿训练要从语法停顿、逻辑停顿、感情停顿等概念的理解，以及各种标点的停顿方法入手开始进行，慢慢地再到个体语言现象的分析，总结出口语停顿的规律。 在此基础上，逐步练习，并根据录音加以分析点评。

可以根据要求进行以下练习：

1. 领属性停顿练习

他做过营业员，在杂志社做过编辑，曾经还是个电工。（在“他”字后进行比后面逗号时间更长的停顿。）

2. 呼应性停顿练习

现在播报中央气象台今天凌晨6点钟发布的天气预报。（在“播报”这个词后进行停顿，和“天气预报”相呼应。）

3. 并列性停顿练习

过去，我们没有在困难面前屈服，现在，这点挫折怎么能击垮我们呢？（要在“过去”“现在”后进行停顿。）

4. 强调性停顿练习

曾经是天堑的长江，现在终于被我们征服了！（在“被我们”这个词后进行较长停顿，以突出征服长江的壮举。）

5. 区分性停顿练习

中国队战胜了俄罗斯队，赢得了最后的胜利。（若在“了”字后停顿容易让人误解，所以，要在“俄罗斯队”后停顿。）

6. 情绪转换性停顿练习

本来我还以为能看到精彩的日出，谁知道却下起雨来。（在“日出”后进行延长停顿，表达热切期望的心情急剧变化为失望。）

7. 回味性停顿练习

心灵中的阴暗必须借助知识的力量恢复光亮。（这句名言在“暗”字处进行停顿，能留给人思考的余地。）

8. 生理性停顿练习

我……我弄丢了佛莱恩节夫人的项链。（在“弄丢了”和“夫人”两个词后留有停顿，表现担心和慌乱。）

降低声音，增强感染力

很多年轻人说话声音过尖，不仅会让人厌烦，也会让人不愿意亲近你。女性由于生理原因，这一情况更加严重，尖细的声音听上去，就像粉笔划过黑板时发出的噪声。

那么，如何改变这一情况呢？想要有深厚的声音，就必须产生低沉的共鸣。

手自然地向下垂，一遍一遍地说“我想不会下雪的”这句话。同时，慢慢地降低音调，一直到最低音为止。然后，用能正常说话的最低音再说几个别的句子。

下面几种方法可以帮助你在日常生活中自然而然地说出浑厚的低音。

1. 朗读法

坐在椅子上，双脚自然垂于地面并且双脚之间保持 12 厘米的距离，在地面上放一本准备读的书。 弓腰、头向下、双臂自然向下，用指头轻触地面，全身放松。 然后，开始运用腹部呼吸帮助朗读书本内容。

这时，胸腔会产生共鸣，声音也就随之降低。 注意体会你此刻的声音——这是你可以拥有的。 抬头坐直之后，恢复到刚刚的姿势，再读几遍。

在这个练习中，朗读纯粹是为了练习音色，所以，不用刻意在乎文章本身的内容。

2. 画圈法

在学校里，教师教导学生们用连笔写英文时，首先要求学生会画圆圈。

现在，以自然姿态站好，用手在空中连续画圈，将你的声音想象成流畅的曲线。 当声音快没有时，就收紧呼吸动力中心，再次努力发音。 时刻提醒自己：如果唱针卡住了，那就是唱片坏了。 此刻，你的声音也是如此，必须连续下去，不能间断。

用这个方法发“啊——”“哦——”“啾欧——”等音。

高声朗诵，双手平放胸前，要求自己使用胸腔共鸣，这也是个可行的办法。 注意，不能升高句末的音调，那会显得迟疑、不确信，没有自信。

要想强调语音，降低声调比提高声调有效得多。 想让自己的声音听起来动人、有感染力、具有亲切感，必须尽量降低自己的声音。

在交谈中也要注意保持低音，特别是用手机交谈时，可以在手里拿一支铅笔，与嘴唇保持 16 厘米的距离，然后，向下对着手里的铅笔，用低音说话。

声音圆润，掌控声音速度

交谈礼仪的基本要求是要做到和气、文雅、谦逊、和颜悦色。此外，最重要的一点就是时刻都要让自己的声音保持圆润、不疾不徐，让人感觉到你的真诚。这些看起来都是一些小事，但实际上却是叩开人际交往大门的敲门砖。

中国有一个成语叫“理直气壮”，但更多的时候，人们更提倡“理直气柔”，即说话时，语速要不快不慢，节制速度。这往往是成功交谈中最重要的一个步骤。

每个人说话时，声音的音域、音质都有差别，但都能做到动听。太高会变调，太低显得压抑，太快会让人心情急躁，太慢会让人急不可待。只有声音高低适中、快慢恰当，才会给人舒服的感觉。在确保对方听清楚的前提下，在你的音域范围之内，声音稍慢和稍低一点，会显得更富有魅力、更悦耳动听。

在公共场合，发自内心的话是最吸引人的。这就是为什么有些话让人听起来感觉舒服，有的却让人觉得别扭。真诚而发自内心的话语也许在内容上不占什么优势，但他们的语气和声调给人感觉他是“多令人喜爱的一个人啊”。

调整自己说话时的声音速度，不疾不徐，让人感觉听你讲话是一种享受。而在谈话时，选择怎样的讲话速度却完全依靠人的天赋、个性、场合及他所要表达的情感而定。

比如，当你与多人交谈的时候，则应采用以下的技巧：

前一个人声音很大时，你说话时可以稍压低声音，做到低、小、稳；前一个人音量很小时，你就要略提高嗓门，清脆响亮，以引起大家注意。

如果有条件的话，你可自我充当听众，仔细听自己的录音，你可能会吃惊地发现，自己说话时的毛病还真不少。 这样经常检查，掌控声音速度的技巧就会不断提高。

第八章

演讲训练:突发状况的处理

面对冷场，要学会拓展话题的领域

在日常生活和社会交往中，尤其是在比较正式的场合，如聚会、议事等常会出现冷场现象，彼此都尴尬。冷场，在人际关系中无疑是一种“冰块”。打破冷场的技巧，就是及时融化妨碍交往的“冰块”。

谈话者之间存在以下几种情况时，最容易因“话不投机”而出现冷场：

1. 彼此不大相识。

2. 年龄、职业、身份、地位差异大。

3. 心境差异大。

4. 兴趣、爱好差异大。

5. 性格、素质差异大。

6. 平时意见不合，感情不和。

7. 互相之间有利害冲突。

8. 异性相处，尤其单独相处时。

9. 长期不交往而比较疏远。

10. 均为性格内向者。

会话出现冷场，双方都会感到尴尬。但只要会话者掌握住了破“冰”之术，及时根据情境设置话题，冷场是很容易被打破的：

开始第一句话要注意的是使人人都能了解，人人都能发表看法，由此再探出对方的兴趣和爱好，拓展谈话的领域。如果指着一件雕刻说："真像某某的作品！"或是听见歌唱就说："很有孟德尔颂音乐的风味。"除非知道对方是内行，否则不仅不能讨好，而且会在背后挨骂的。

如果不知道对方的职业，就不可胡乱问他。因为社会上免不了有人会失业，问他的职业无异于迫他自认失业，这对自尊心很重的人来说是不太好的。如果你想开拓谈话的领域而希望知道他的职业，只能用试探他的方法："先生常常去游泳吗？"如果他说"不"，你就可以问他是否很忙，"每天上哪儿消遣最多呢？"接下去探出他是否有固定工作。如果他回答"是"，你便可加上一句问他平时什么时候去游泳，从而判断他有无职业。如果他说是星期天或每天下午五时以后去，那无疑是有固定工作。

确定了别人有工作，才可问他的职业，这样就可以谈他的工作范围内的事情。如果不知对方有没有职业，或确知对方为失业者，那么还是谈别的话题为佳。

面对冷场，巧妙析姓辨名

在气氛不活跃时，可以针对一些人的姓名进行别致的解释，其效果往往会出人意料，从而活跃气氛。在这方面伟大领袖毛泽东同志就很有造诣。

客人初次见面，往往要介绍姓名。毛泽东擅长抓住这一机会，运用他渊博的知识，把客人的姓名做有趣的解析，使交谈一开始就消除了对方的紧张情绪，显得亲切随和，普通干部、群众与这位中国最高领袖间的鸿沟顷刻填平，交谈气氛就更为活跃。

1957 年 9 月，毛泽东到上海，邀见新民晚报社社长赵超构（林放）。赵正因当时的政治风浪而惶惶不安。谁知毛泽东一见赵，就对旁人说：“宋高宗的哥哥来了！”他由赵的名字“超构”，机敏地联想到高宗的名字“赵构”。前者既是“超构”，那不就可称作宋高宗的哥哥吗？此话出乎人们意料，听者初时为之一愣，细想又能自圆其说，别有一番诙谐之趣，会场里顿时爆发出热烈的笑声。赵超构的思想负担立刻解除了。毛泽东联系历史人物的姓名，对赵超构的名字做“歪解”，让人经过思考后发出了会心的微笑。

20 世纪 70 年代，唐由之初任毛泽东的保健医生，首次见面时，心情很紧张。谁知毛泽东望着唐，反复念着他的名字：“由之，由之……”并问：“你的名字是出自《论语》‘民可使由之，不可使知之’吧？”又说：“你不要按孔夫子的‘由之’去做，而是按鲁迅的‘由之’去做。”随即又抑扬顿挫地哼起了鲁迅的诗句：“岂有豪情似旧时，花开花落两由之……”毛泽东出语成趣，使唐大夫欢笑出声，开始了融洽的交谈。这里，毛泽东“析姓辨名”的方法与上面不同，采取了解析名字出处，并随机发挥的方法。但效果是一样的。

面对冷场，提一些引导性的话题

提出引导性话题，可以给他人留下谈话时间和空间，特别是对于那些不善于当众讲话的人。这些话题可以根据对方的性格特点、兴趣爱好、职业性质等方面来设置。比如：“近来工作顺利吧？”“听说你最近有件高兴的事，是什么呢？”“前一阵我见到你的孩子，学习怎么样？”先用这些听起来使对方温暖的话寒暄一下，便于开展谈话。对于那些在公司上班的人，可以探问对其公司的日常规则的看法，像：“你们公司，每周都要举行升旗仪式，之后还要做早操，召开例会，你怎么看待？”引导性话题应该注重可谈性和可公开性。对学文科的不宜谈深奥的理科的问题，反之亦然。不宜在公开场合触及个人隐私，或者是背后议论他人等。如果引导性话题过于敏感，或者超出了对方的兴趣爱好，或者过于深奥，超出了对方的知识结构等，对方也许不愿说，也许真的无话可说。提出这类话题，目的是让对方开口讲话，不能让对方讲，还有什么意义呢？

在提一些引导性话题的时候，也要注意方法和策略，不要让对方感到难以回答。比如：“你是不是也觉得你们现在的厂长很能干？”人家要说赞同的话，他自己又确有保留意见；要说不赞同，而你已经认可了，他总不至于在你的面前进行反对吧，何况是说别人的坏话呢？这样的话题，处理得不好，会让自己失去谈话的亲和力，适得其反。再者也不要问些大而空的问题，让人不知从何说起，最好具体点。

此外，在打破冷场时说话还应该注意下面的内容：

如果是由于自己太清高、架子大，使人敬而远之，而造成双方的沉默，在交谈中应该主动、客气及随和一些。

如果是由于自己太自负，盛气凌人，使对方反感，而造成了沉默，则要注意谦虚，多想想自己的短处，适当褒扬对方的长处。

如果是由于自己口若悬河，讲起话来漫无边际、无休无止，而导致了对方的沉默，则要注意自己讲话适可而止，给对方说话的机会，不要让人觉得你是在做单方面的“传教”。

有时装作不懂事的样子，往往可以听取他人更多的意见，这根源于人们的自炫心理。反之，你表现得太聪明，人家即使要讲，也有顾虑，怕比不上你。如果我们用“请教”的语气说话，引起对方的优越感，就会引出滔滔话语。一般人的心理总是喜欢教人，而不喜欢受教于人。

冷场的出现，往往与话题有关。“曲高和寡”会导致冷场；“淡而无味”同样会引起冷场。不希望出现冷场的交谈者，应当事先做些准备，使自己有一点“库存话题”，以备不时之需。

主动调侃

一次，里根总统在白宫钢琴演奏会上讲话时，夫人南希一不小心连人带椅跌落在台下地毯上，观众发出惊叫，但是南希却灵活地爬起来，在众多宾客的热烈掌声中回到自己的座位上。正在讲话的里根看到夫人并没有受伤，便插入一句俏皮话："亲爱的，我告诉过你，只有在我没有获得掌声的时候，你才应该这样表演。"

只要把握得当，戏谑调笑的化解法大多数人都拒绝不了它的"攻效"，因为它能使人开怀大笑，舒展情绪，在笑声中淡化尴尬与窘迫。

当我们与别人交往时，由于我们的过失，造成谈话中间出现了难堪，这时我们不要责备他人，还是找找自己的责任，采用自我调侃的方式低调退出吧。

当我们由于自己的原因造成尴尬时，最好的办法就是：不要死要面子活受罪，可以采用自我调侃的办法，来得真诚一点，表达自己真诚的歉意，而对方也不会喋喋不休地责备我们，相反还会因为我们的真诚，一笑了之。

然而，当由于他人的原因甚至恶意使你陷入窘境时，逃避嘲笑并非良方，而你殚精竭虑地力图反击，很可能会遭到对手更多的嘲讽，不如来个 180 度大转变的超脱。 这种超脱既能使自己摆脱狭隘的自尊心理束缚，又能使凶悍的对手心软下来。

当然，大多数人制造尴尬都不是恶意的，而是出于不小心，这时候，如果你过分掩饰自己的失态，反而会弄巧成拙，使自己越发尴尬。 而以漫不经心、自我解嘲的口吻说几句取悦人的话，却可以活跃气氛，消除尴尬。

在尴尬的场合，运用自嘲能使自尊心通过自我排解的方式受到保护。 而且还能体现出说话者宽广大度的胸怀。

尴尬场合，运用自我调侃可以平添许多风采。 当然，自我调侃要避免采取玩世不恭的态度。 具有积极因素的自我调侃包含着自嘲者强烈的自尊、自爱。 自我调侃实质上是当事人采取的一种貌似消极、实为积极的促使交谈向好的方向转化的手段。

找个化解尴尬的“台阶”

在社交活动中，能适时地为陷入尴尬境地的对方提供一个恰当的“台阶”，使对方免丢面子，算是处世的一大原则，也是为人的一种美德，这不仅能获得对方的好感，而且也有助于自己树立良好的社交形象。 否则对方没能下得“台阶”而出了丑，可能会记恨终生。 相反，若注意给人“台阶”下，可能会让人感激一生。 是让人感激还是让人记恨，关键是自己在“台阶”上不陷入误区。

外圆内方的人，不但尽量避免因自己的不慎而使别人下不了台，而且还会在对方可能不好下台时，巧妙及时地为其提供一个“台阶”。 这是因为他们在帮助别人“下台”时，掌握了正确的方法。

心理学的研究表明，谁都不愿把自己的错处或隐私在公众面前曝光，一旦被曝光，就会感到难堪或恼怒。 因此，在交际中，如果不是为了某种特殊需要，一般应尽量避免触及对方所避讳的敏感区，避免使对方当众出丑。 必要时可委婉地暗示对方自己已知道他的错处或隐私，便可对他造成一定的压力。 但不可过分，只需点到为止。

既能使当事者体面地“下台阶”，又尽量不使在场的旁人觉察，这才是最巧妙的“台阶”。 有一则报道很能启发人。

在广州一著名的大酒家，一位外宾在吃完最后一道茶点后，顺手把精美的景泰蓝食筷悄悄插入自己的西装内衣口袋里。服务小姐不露声色地迎上前去，双手擎着一只装有一双景泰蓝食筷的绸面小匣子说：“我发现先生在用餐时，对我国的景泰蓝食筷颇有爱不释手之意。非常感谢你对这种精细工艺品的赏识。为了表达我们的感激之情，经餐厅主管批准，我代表酒家，将这双图案最为精美并且经过严格消毒处理的景泰蓝食筷送给你，并按照大酒家的‘优惠价格’记在你的账上，你看好吗?”那位外宾当然明白这些话的弦外之音，在表示了谢意之后，说自己多喝了两杯白兰地，头脑有点发晕，误将食筷插入内衣口袋里，并且聪明地借此“台阶”，说：“既然这种食筷不消毒就不好使用，我就‘以旧换新’吧！哈哈哈。”说着取出内衣口袋里的食筷恭敬地放回餐桌上，接过服务小姐给他的小匣，不失风度地向付账处走去。

如果服务员想让这位外宾“出洋相”真是太容易了，但她没有那样做，而是委婉地暗示对方的错处。外圆内方的人往往都会这样不动声色地让对方摆脱窘境。

有时遇到意外情况使对方陷入尴尬境地，这时，外圆内方的人在给对方提供“台阶”的同时，往往会采取某些妥善措施，及时给对方的面子上再增添一些光彩，使对方更加感激不尽。

此外，还有顺势而为送台阶法和挥洒感情造台阶法。

顺势而为送台阶法，就是依据当时当场的势态，对对方的尴尬之举加以巧妙解释，使原本只有消极意味的事件转而具有积极的含义。

挥洒感情造台阶法，就是故意以严肃的态度面对对方的尴尬举动，消除其中的可笑意味，缓解对方的紧张心理。

人人都有下不来台的时候，学会给人下台阶，既可以缓解紧张难堪的气氛，使事情得以正常进行，又能够帮助尴尬者挽回面子，增进彼此的关系。要达到这样的目的，我们应系统地学会使用以上技巧。

如何面对刁难者

在社交或公众场合，有时我们会遇到别人有意无意地抢白、奚落、挖苦、讥讽，这时该怎么办？有随机应变能力的人，能调动自己的智慧，化被动为主动，使尴尬烟消云散。“兵来将挡，水来土掩”，你可视不同的对象选择不同的应付办法。

仿拟话语。仿照对方讽刺性的话语形式，制造出一种新的说法，将对方置于反而一种不利的位置上，从而使对方落入“聪明反被聪明误”的自造的陷阱中。

> 丹麦著名童话家安徒生一生俭朴，常常戴一顶破旧的帽子在街上溜达。一次，一个富翁嘲笑他说：“你脑袋上边的那个玩意儿是个什么东西，能算是一顶帽子吗？”安徒生马上回敬了一句：“你帽子底下的那玩意儿是个什么东西，能算是个脑袋吗？”

对方本想嘲笑安徒生服饰破旧寒酸，不想反被安徒生嘲弄了一番。安徒生仿拟对方的话语形式，改换了几个字词，便辛辣地讽刺了对方的愚蠢卑鄙，空长一副脑袋。

歧解语义。它是指故意将对方讽刺性的话做出另一种解释，而这种解释又恰巧扭转了矛头，指向对方，这等于让对方自己打了自己的嘴巴。

> 普希金年轻时并不出名。一次，他在彼得堡参加一个公爵举行的舞会。他邀请一位年轻漂亮的贵族小姐跳舞。这位小姐傲慢地看了普希金一眼，冷淡地说："我不能和小孩子一起跳舞！"普希金不但不生气，反而微笑着说："对不起！我亲爱的小姐，我不知道您正怀着孩子。"那位贵族小姐一听顿时羞得满脸赤红。

普希金在这里就是歧解了语义，把"小孩子"偷换成贵族小姐"已有身孕"，因而才不能和别人跳舞。

以毒攻毒。当对方用恶毒的话攻击你的时候，不妨顺水推舟，借他的话回敬对方。

1914 年 9 月 2 日英德两方谈判时，德国首相提出："你们是否要为一张废纸（指保证比利时中立的休约）和我们开战？"乔治对于这样的提问没有辩解或回避，而是做了这样的演讲：

> 在座诸位没有人比我更不情愿、更反感地看到我们被卷入一场大战的前景了。在我的政治生涯中，我一直抱着上述的态度。没有人会比我更坚信，我们不可能既避免这场战争

的发生，又不使我国荣誉受到损害。我完全清楚，历来一个国家如卷入战争，就必然要乞灵于荣誉这个堂而皇之的名义。

不少罪行都是在荣誉的名义下犯的。现在就有些犯罪活动正在进行。然而，国家的荣誉毕竟是一个客观存在的现实，任何国家无视这个现实，都是注定要灭亡的。为什么这场战争牵涉到我国的荣誉问题？这是因为我们承担着光荣的责任，要保卫一个弱小邻国（指比利时）的独立、自由与领土完整。这个国家很弱小，不可能强迫我们这样做。但是如果有人因债权人太穷，无力强迫他还债，便拒绝清偿债务，此人便是一个卑鄙的恶棍。

我们郑重地签订过一项保卫比利时的条约，但是在条约上签字的不仅是我们。为什么奥地利和德国不履行条约规定他们应守的义务？有人提出我国引用这项条约纯粹是借口，说我们施诡计、要手腕，有意掩饰我们对更为文明发达的国家的妒忌心，我们正企图摧毁这个国家。我们对此的回答是我们在 1870 年的行动。当时我们也曾呼吁法国和普鲁士遵守这项条约。

那时比利时的最大威胁来自法国而不是德国。我们要求德、法两个交战大国同时声明他们无意侵占比利时领土。俾斯麦怎样回答呢？他说，既然有生效的条约，向普鲁士提出这样一个问题，便是多此一举。法国也做出了类似的回答。在布鲁塞尔市政府给维多利亚女王的一份著名文件中，比利时人民对我们干预此事表示了感谢。1870 年，法国军队在比利时边境受到普鲁士炮火的严密封锁，断绝了一切突围的出路。唯一的办法是破坏比利时的中立，进入比利时国境。但当时法国人情愿灭亡与屈辱，也不愿破坏条约。当时法国皇帝和将军们以及成千上万英勇的法国人宁愿被俘，也不愿国家声誉受损。在撕毁条约有利于法国的时候，法国没有这样做。但今天，撕毁条约有利于德国，德国却这样做了。

她以一种侮慢的态度公开承认这一点，她说条约只是在有利于你时才对你有约束力。德国首相说，条约不就是一张废纸吗？你们身上有没有带着5镑的纸币？带着印刷精美的小张1镑纸币？要是有的话，烧了它吧。还不是几张废纸！它们是用什么造成的？残片碎布罢了！可是它们价值几何？价值不列颠帝国的全部信誉啊！几张废纸！这几个星期我一直在和几张废纸打交道。我们发现全世界的商业突然停顿下来，机器停止了运转。为什么？因为商业机构是由汇票来推动运转的。我也见过一些汇票，破破烂烂，皱皱巴巴，上面乱涂乱画，斑斑点点，肮脏不堪。但是这些废纸却开动了载满千万吨珍贵货物的巨大海轮，往返航行于世界各地。这些废纸后面的动力是商人的信誉。

条约是代表国际政治家信誉的货币。德国商人和世界上任何其他国家的商人一样有着同样诚实正直的名誉。但是如果德国货币贬值到和她的政治家的信誉一样的水平，那么从上海到瓦尔帕莱索，再也没有一个商人会对德国商人的签字看上一眼了。这就是所谓一张废纸的理论。这就是伯恩哈迪公开宣扬的理论：条约只在有利该国时才有其约束力。这关系到一切公共法律的根本问题。这样走下去，就直通野蛮时代了。正如你嫌地球的磁极妨碍了一艘德国巡洋舰，便把它除去一样，各个海洋的航行就会变得危险、困难，甚至不能航行。如果在这次战争中，这种主张占上风，整个文明世界的机制便要土崩瓦解。我们正在同野蛮作战。只有一个办法能扭转这种情况：如果有哪些国家说他们只在条约对他们有利时才守约，我们就不得不使局势变得只有守约才对他们有利。

一箭双雕。抓住主要事实或揭露要害，在自己摆脱困境的同时，通过对比指出对方的弱点，置其窘境。

这个政府借口军队打了败仗，便同敌人接触，谋取停战。

我们确实打了败仗，我们已经被敌人陆、空军的机械化部队所困。我们之所以失败，不仅因德军的人数众多，而是败于他们的坦克、飞机和作战战略。正是敌人的坦克飞机和战略使我们的将领们惊惶失措，以至出此下策。

但是难道败局已定，胜利已经无望？不，不能这样说！

请相信我的话，因为我对自己所说的话完全有把握。我要告诉你们，法兰西并未失败。总有一天我们会用目前战胜我们的同样手段使自己转败为胜的。

因为法国并非孤军作战。她并不孤立！绝不孤立！她有一个幅员辽阔的帝国作后盾，她可以同控制着海域并在继续作战的不列颠帝国结成联盟。她和英国一样，可以得到美国雄厚的工业力量源源不断的支援。

这次战祸所及，并不限于我们不幸的祖国。战争的胜败亦不取决于法国战场的局势。这是一场世界大战。我们的一切过失、延误以及所受的苦难都不能改变一个事实：世界上拥有一切手段，能够最终粉碎敌人。我们今天虽然败于机械化部队，将来却会依靠更高级的机械化部队夺取胜利。世界命运正系于这种部队。

我，戴高乐将军，现在在伦敦发出广播讲话。我吁请目前或将来来到英国国土上的法国官兵，不论是否还持有武器，都和我联系；我吁请具有制造武器技术的技师与技术工人，不论是目前或将来来到英国国土的，都和我联系。

无论出现什么情况，我们都不容许法兰西抗战的烽火被扑灭，法兰西抗战烽火也永不会被扑灭。

明天我还要和今天一样在伦敦发表广播讲话。

这是戴高乐1940年6月18日在伦敦英国广播公司发表的演说。这篇演讲在批判了法国政府的不抵抗政策的同时表示自己一定要坚持战斗，说明法国还是有希望的，这样的演讲给予了法国民众希望，而戴高乐从此被法国人称为“六·一八英雄”。

巧借比喻。巧借对方比喻中的不雅事物，用与此相克相关的事物作比，针锋相对，给以迎头痛击。

例如，达尔文提出进化论以后，赫胥黎竭力加以支持和宣传，并与宗教势力展开了激烈的论战。教会诅咒他为“达尔文的斗犬”。在伦敦的一次辩论会上，宗教首领见赫胥黎步入会场，便骂道：“当心，这只狗又来了！”赫胥黎轻蔑地答道：“是啊，盗贼最害怕嗅觉灵敏的猎犬！”

赫胥黎以比对比，巧妙地戳穿了宗教首领的丑恶本质和害怕真理的面目。

当你面对别人恶意的侵犯时，拥有随机应变的语言表达功力非常重要。在防卫中运用优雅、得体的语言把你的智慧和大度发挥得淋漓尽致。

装聋作哑，糊涂到底。“装聋作哑”，就是指对别人的话装作没有听到或没有听清楚，以便避实就虚、猛然出击的处理问题的方式。它的特点是：说辩的锋芒主要不在于传递何种信息，而是通过打击、转移对方的说辩兴致使之无法继续设置窘迫局面，化干戈为玉帛，能够寓辩于无形，不战而屈人之兵。当然唯有具有深阅历的人方能达到这种境界。在人际交往中，这种方式的使用场合很多。

英国前首相威尔逊在一次竞选演讲中，遭到一个捣乱分子的挑衅。演讲正在进行，捣乱分子突然高声喊叫：“狗屁！垃圾！臭大粪！”这个人的意思很明显，是骂威尔逊的演讲臭不可闻，不值得一听。但是威尔逊不理会他的本意，只是报以容忍的一笑，安慰他说：“这位先生，我马上就要谈到你提出的环境脏乱差问题了。”随之，听众中爆发出掌声、笑声，为威尔逊的机智妙答喝彩。

别人的刻薄攻击，不仅可以当作耳旁风，而且还能对其反讥一番，这可是化解尴尬的最好途径。

在人际交往中，有许多场合都可以使用“装聋作哑”的办法，躲开别人说话的锋芒，然后避实就虚、猛然出击。其技巧关键在于躲闪避让的机智，虽是“装作”，正如实施“苦肉计”一样，却一定要表演得自然。

当别人打探你的隐私时该怎样说

隐私本是一个人内心深处的不愿被别人知道的东西，但是在人际交往中，有些人总是会有意或无意地触及别人的隐私。不管问的人动机如何，一旦被问的人回答不好，很有可能会产生一些不良的后果。那么当你面对被问及隐私时该怎样回答呢？下面的几种方法不妨一试。

菲律宾前总统科拉松·阿基诺，在出席一次记者招待会时，记者问她有多少件旗袍礼服，她不假思索地回答：

“我所有的旗袍礼服，都是第一流服装设计师奥吉立德罗为我设计的。你知道吗？她经常向我提供最新流行的服装样式。”

别人问数量，她却回答是谁设计的，这样回答明显属文不对题，然而，那位记者却知趣不再追问了。

似是而非的回答往往让那些爱探听隐私的人无功而返，它的奇妙之处就在于听上去你像是在回答对方的问题，但其实并不是对方想要的答案。

不给出一个明确的答案，只是原地绕圈，迷惑提问者。例如，听众要是问演讲者“你体重多少”，演讲者可以回答“比去年轻了一点”。也就是回答听众一个暧昧不清的答案。

著名影星、孙悟空的扮演者六小龄童，在一次记者招待会上，一位记者问他：“当初谈恋爱，你和于虹谁追的谁？”

六小龄童回答："到底谁追谁，有什么重要？我们都没有想过要'追'对方，因为不是在赛跑，一个在前一个在后，我们是夜色中的两颗星星，彼此对望了几个世纪，向对方眨着眼睛，传递着情意。终于有一天，天旋地转，我们就像磁石的两极碰到一起，吸在一起了。"

六小龄童根本就没有回答对方的问题，而是一开始就否定了对方问题的前提，即认为两人谈恋爱不一定是一方主动追另一方，随后便对两人的爱情做了一个浪漫、精彩的比喻。这样既回答了记者的提问，又没有透露自己的隐私。生活中，有人打听隐私的时候，这不失为一个好办法，从一开始就否定对方的问题，自然也就不用按照他的提问来回答了。

有时候，对方打听你的隐私时，你可以开门见山，指出对方问话的不当，直言相告地表达自己的不满。

当别人提出不便当众回答的问题时该怎样说

当众回答某些难以回答的问题确实要顶着巨大的心理压力。因为严词拒绝回答问题将有失风度，但照实回答也是不可以的。面对这种难以选择的境地，可以通过下述方法顺利解决。

有时提问者的问题一两句话是难以说清楚的。如果顺着这个思路去回答，势必陷入尴尬的境地。这时，可以巧妙地转移话题，反而把难题转移到对方自己头上去了，自己占据了主动地位。

1956年在苏联共产党第二十次代表大会上，赫鲁晓夫做了“秘密报告”，揭露、批评了斯大林肃反扩大化等一系列错误，引起苏联及世界各国的强烈反响。大家议论纷纷。

由于赫鲁晓夫曾经是斯大林非常信任和器重的人，很多苏联人都怀有疑问：既然你早就认识到了斯大林的错误，那么你为什么早先没有提过不同意见？你当时干什么去了？你有没有参加这些错误行动？

有一次，在党的代表大会上，赫鲁晓夫再次批判斯大林的错误。这时，有人从听众席递来一张条子，赫鲁晓夫打开一看，上面写着：“那时候你在哪里？”

这是一个不便直接回答的尖锐问题，赫鲁晓夫的脸上很难堪。他不想回答但又不能回避这个问题，更无法隐瞒这个条子，这样会使他更丢面子，让人觉得他没有勇气面对现实。他也知道，许多人有着同样的问题。更何况，这会儿台下成千双眼睛已盯着他手里的那张纸，等着他念出来。

赫鲁晓夫沉思了片刻，拿起条子，通过扩音器大声念了一遍条子的内容。然后望着台下，大声喊道：“谁写的这张条子，请你马上从座位上站起来，走上台。”

没有人站起来，所有的人都吓得心怦怦地跳，不知赫鲁晓夫要干什么。

赫鲁晓夫又重复了一遍他的话，请写条子的人站出来。

全场仍死一般的沉寂，大家都等着赫鲁晓夫的爆发。

几分钟过去了，赫鲁晓夫平静地说：“好吧，我告诉你，我当时就坐在你现在的那个地方。”

面对当众提出的尖锐问题，赫鲁晓夫不能不讲真话。但是，如果他直接承认“当时我没有胆量批评斯大林”，势必会大大伤了自己的面子，也不合一个有权威的领导人的身份。于是赫鲁晓夫巧妙地即席创造出一个场面，借这个众人皆知其含义的场景来婉转、含蓄地隐喻出自己的答案。这种回答既不失自己的威望，也不让听众觉得他在文过饰非。同时赫鲁晓夫营造的这个场景还让所有在场者感到他非常幽默，平易近人。

当不便回答的问题被提出时，往往是双方都觉得对方的言行不合适，这时，如果采取退一步思考问题的策略，把角色“互换”一下，就能够很顺利地继续交谈下去。

面对过分的玩笑你该如何应对

玩笑开得过分了时，气氛往往会变得比较尴尬或紧张，这种情况下，很多人还是希望能保持住自己说话的风度。那么，该如何应对这种过分的玩笑呢？你可以选择下面的方法作为参考，以便顺利走出困局。

某业余大学中文班开学第一天开了个座谈会。首先，学员们一个个做自我介绍。当轮到来自农村的牛力时，他刚说了句：“我姓牛，来自乡下……”不知谁小声说了句：“瞧，乡下小牛进城喝咖啡了！”一下子，许多人都笑了起来。牛力先是一愣，但很快就镇定下来，说道：“是的，我是来自乡下的小牛。不过，我进城是来‘啃’知识的，以便回乡下耕耘。我‘吃的是草，挤出来的是奶和血’。我愿永远做家乡的‘孺子牛’！”

话音刚落，大家热烈地鼓起了掌，为牛力精彩的讲话喝彩。牛力用自己的机敏，顺着那位同学过分的玩笑话，引用鲁迅的名言，不但摆脱了尴尬的场面，而且表明了自己做人的准则，为自己赢得了喝彩。

当有人对你开的玩笑带有一定的侮辱性质，而开玩笑的人又不是恶意刁难你的时候，如果你能顺着对方的话，再借题发挥一番，反而把他的话变成你用来夸奖自己的话，可谓是一种最机智的选择。 这样既能避免自己的难堪，又不至于把关系弄僵。

当有人纯属恶意地开你的玩笑时，你当然需要毫不客气地回敬，诱敌上钩就是其中的一种技巧。 你要不紧不慢地诱惑对方进入你语言的圈套，在适当的时候，就反戈一击，让对方自取其辱。

生活中一些尴尬的局面，完全是由于别人不敬的玩笑引起，如果你隐忍退让，只会被人看扁；如果针锋相对，又会把事情搞僵。这时不妨采用反唇相讥的办法，把对方开自己玩笑的话返回到他自己身上去，从而为自己争取主动。

演讲时忘词怎么办

尽管一位演说者事前已做过周全的准备及预防，但他在向教堂的一群教友发表演说的中途，突然发现自己脑中一片空白，发现他自己完全静止，茫然望着他的听众，无法继续说下去。这是很可怕的一种情况。他的自尊心反对他在混乱与失败中坐下来。他觉得自己可能还可以想出他所要说的下一点，或是想出更多的要点，只要给他十秒或十五秒，但是，即使你只在听众面前慌慌张张地沉默上十五秒钟，那也已是很严重的事了。应该怎么办呢？

有位著名的美参议员在遇到这种情况时，他立刻问他的听众，他说话的声音够不够大，最后几排的听众是否听得见他的声音。他早就知道自己的声音足以令后排的听众听见。然而他不是在征求意见，而是在争取时间。在那短暂的停顿时间内，他立刻想起了要说的话，然后继续说下去。

但是，在这种心神慌乱的情况下，也许最好的挽救方法就是这一种：利用你最后一段谈话的最后那个字，或是最后那个句子或是最后的那个主题，作为新段落或新句子的开头。这将形成一条永无尽头的锁链。

让我们来看看这个法子如何运用。我们不妨想象，有位演说者正在谈论“事业成就”的问题，他在说完下面这段话之后，就发现自己脑中突然一无所有，空白一片。

他说：“一般的职员之所以不能获得升迁，主要是因为，他对他的工作没有兴趣，表现不出进取的精神。”

以“进取的精神”来作为一个句子的开头。你可能不知道你将说些什么，或将如何结束这个句子，但是，不管怎么样，起个头。即使表现得很差劲，也总比承认失败要好得多。

“进取的精神就是主动性，自己主动去做某件事，而不是等待别人的吩咐。”

这不是很有智慧的说法，也不会在演说史上名垂千古，但这岂不比痛苦的沉默好得多？ 我们最后的几个字是什么，我们就用这个观念来造个新句子吧。

“不断吩咐、指示及驱使那些拒绝从事任何主动思考的公司职员。 这是最令人感到愤怒的事，也是令人难以想象的事。”

我们已经顺利地说完两段了。 现在我们可以振作起精神，继续下去：“每年在商业竞争中被淘汰的公司职员，真是令人感到悲哀。 我说悲哀，因为只要多一点点忠诚，多一点点进取心，多一点点热情，这些被淘汰的员工就能使自己跨越失败，走向成功。 然而，失败者永远不会承认这是他们失败的原因。”

如此继续进行下去。 在演说这陈词滥调的同时，应该努力去思索原来演说中的要点，想出原来打算要说的话。

这种没有终止的连锁性思考方法，如果延续下去，可以拖得很长。 可能使演说者和听众们乏味。 不过，对于因为遗忘而暂时失去控制的受伤的头脑来说，这却是最佳的急救方法——它也因此挽救了许多次垂垂待毙的演说。

恰到好处地做出回答

如果说提问是人们沟通中必不可少的一个组成部分的话，回答提问也一样重要。 我们经常冷不防地被提问，并且要求做出令提问者满意的回答。 有问必有答，一问一答构成了语言交流的重要部分。

我们发现，同样一个问题，人们的回答可能各不相同。 这说明回答问题有各种可能性，但是我们似乎应该确认一点：在这众多的可能性中，只有一种是使提问者最满意的；另一方面，在某些场合，比如辩论中，回答者往往并没有给提问者想要的答案。

也许他们因为某种原因，不能或者不想告诉听众答案；也许在回答者看来，从自己的立场出发回答问题才是正确的答案。因此，我们一般认为，问题没有正确的答案，而只有恰到好处的答案——这明显是对回答问题者而言的。

中国人的语言内涵十分丰富，同时也意味着解读语言的多种可能性。有一位中国老人满 99 岁了，一位政府官员去祝贺她，并对她说："我希望明年能够来给你庆贺 100 岁生日。"那位老人回答道："怎么不能呢？你的身体不是很好吗？"

其实，那位政府官员的意思是，希望老人能够活到 100 岁。但是那位老人却理解成了政府官员对他自己身体的担心。我们在回答对方问题的时候，也通常犯那位老人一样的错误：答非所问。因此，我们在回答问题的时候，首先应该仔细地听清楚对方要表达的意思。

没有一种问话会要求你在听到问题后一秒钟之内马上给出答案，除非你自己想要表现出你反应很迅速。你完全有时间想一想对方问话的意思，了解他的意图，然后再确定回答的方式和范围，从容地组织答案。

有些人似乎习惯于一边说话一边思考，但是这并不是大部分人能够做到的。一般的人在脱口而出之后，马上就会后悔说出了那样的话，因为那样的话本来不应该说，或者完全可以说得更好。

不要急于回答。你可以试着对提问者的意思进行解释，并且夸赞提问者几句。这会让你真正了解提问者的意思，并且得到他的好感，你还可以利用这些时间好好整理一下你的答案。

对问题做出判断，揭示其隐藏的意图。如果你怀疑对方另有意图的话——不管对你有利还是不利——在没有弄清楚之前，不要直接给出答案，而要问一下对方真正的意图是什么。你可以问他："告诉我你真正感兴趣的是什么？你想让我说的是什么？"

你可以建立一座桥梁，由此进入你的回答阶段。这可以算作解释对方问题的一部分。一位议员被问及："你反对加税吗？"那位议员回答道："这位先生想要知道我是否反对加税。实际上，你真正想问的是，我们是怎样使美国人民更加富裕的。让我告诉你我们对于复苏经济的计划……"这个议员十分巧妙地把对方的问题过渡到自己想要回答的问题上。

这样，你首先要对你的答案进行设计，也就是我们前面所说过的"思维"过程——相对于你把它陈述出来而言。当然，对待一般的问题，你必须用你的知识做出符合客观实际情况的回答。不然的话，就会犯狡辩的错误，从而给人不真诚的感觉。

上面介绍了回答问题时应该注意的一些基本问题。接下来，将就如何具体回答常见的问题给出一些意见：

关于是非型问题。提问者想要你回答简单的几个字，这当然是很容易的事情，但是这类问题往往埋有陷阱，因为简单往往容易导致误解。除非在法庭上，你不需要具体回答是非型的问题，你应该直接回答"是"或"不是"。

关于选择型问题。有人问："你们公司的目标是增加投入还是减少人员？"这样的问题不好回答，因为答案可能不在他给出的选择项内。不要被提问者提出的问题所干扰，按照事实说吧！对上面问题的回答可以是："我们的目标是提供最优质的产品。"

关于不能回答的问题。当你被问及那些关于个人秘密等不便回答的问题的时候，你应该直接告诉他为什么不能说出来。你必须给出你的理由，否则将会被认为是不真诚的。

关于倾向性问题。比如“你不再打你的老婆了吗？”而事实上你并没有打过她；或者“此次调价对你们公司造成了多大损失？”事实上你们公司一点儿损失都没有。

回答这类问题时可以直接跳过对方的假设，用事实说话。

关于问题太多。对方提出一系列的问题的时候，你没有必要一一回答。你应该说：“慢一点，我的朋友。”然后再一次回答一个问题。

让人为难的是那些你不想或者不能做出正面、直接回答的问题，这时候你还可以用以下这些方法来回答：

无效回答

当你不想回答对方的问题的时候，你可以选择这样的回答方式。也就是说，你可以用一些没有实际意义的话回答他。

比如，对方问你：“今晚你要到哪里去？有什么秘密的事情吗？”你不想告诉他，于是你可以说：“没什么大不了的事。”这样，提问的人就不会再问下去了。

对方问你：“贵国打算什么时候对该国采取军事行动？”你回答他说：“我们已经提交给议会讨论了，我相信他们会本着对国家、对世界人民负责的态度来讨论此事的。至于什么时候，到时候诸位就知道了。”

反转问题

有些问题是比较刁钻的，它可能是一个含沙射影的问题，也可能是一个陷阱。这些问题可能会使你尴尬。在这种情况下，你可以换一个角度想一想。

比如，对方问你：“我没有兴趣继续听下去了。这个问题你已经讲过很多遍了，你觉得还有继续说下去的必要吗？”你可以这样回答：“你觉得你已经完全听懂了吗？”让对方来回答他自己提出的问题。

一个外交官被一群记者围住，被要求就前几天某位议员在国会进行的演讲发表一下意见。那位议员讲的是一个国际政治上的敏感话题。这个外交官回答道：“你们要我说，我当然可以说。但是我的态度全世界的人民都已经知道了，因此，我没有必要把它说出来。”

间接回答

在有些场合，对方可能会提出一些十分敏感的问题，或者想刺探你的真实意图，或者就是想刁难你，使你不便直接给出回答。这时候，你可以间接地做出回答。

> 英国首相丘吉尔在20世纪30年代访问美国时，一位强烈反对他的女议员对他说：“如果我是你的妻子的话，我一定会在你的咖啡里投毒的。”丘吉尔轻轻一笑，回答道：“如果我是你的丈夫的话，我一定会把那杯咖啡喝下去的。”
>
> 还有一次，丘吉尔因为力主和苏联联合对抗德国，一位记者诘难他说：“你为什么老是替斯大林说好话呢？”丘吉尔回答道：“如果希特勒侵入了地狱，我同样会在下院为阎王讲情的。”

你在回答问题的时候，态度一定要恳切，要让提问者感到你正在努力、真诚地回答他的问题，而不是在敷衍了事。如果有人在寻求信息，则要表现得很专业，让对方觉得你的答案很可信。

不要把注意力局限在提问者身上。提问者提出了问题，但是这不是你跟他之间的私聊，你需要注意的是，有更多的人在你面前，等待你做出解答，提问者只是为你们提供了一个话题而已。当然，相对于其他听众而言，你还是应该相对多地注意这位提问者。

当你回答了某个问题之后，要保持你一贯的作风，千万不要因此而得意起来。否则，你的听众就会努力在你的回答上找漏洞。

对那些有敌意的提问者，你最好保持你的优雅的风度。不要因为对方提出了一个让人尴尬的问题，你就非常不客气地对待他。你应该冷静地处理这个问题，以便使局势朝对你有利的方向发展。

第九章

演讲在开场白上下功夫

开场白至关重要

好的开头是成功的一半。对于脱稿讲话来说，这句话也同样适用。关于开场白的重要性，许多名人做出过很好的忠告。俄国大文学家高尔基说：“最难的是开场白，就是第一句话，如同在音乐上一样，全曲的音调，都是它给予的。平常得花好长时间去寻找。”高尔基的这段话包含两层意思：第一，开场白至关重要，它的作用如同音乐的“定调”，规定着全曲的基本面貌和基本风格。第二，适当的开场白不是那么容易找到的，它是长期积累和苦心斟酌钻研的结果。

奥地利的乐团指挥韦勒说：“如同有‘招眼’的东西一般，也有‘招耳’的东西。首先，对于讲话者而言，有决定意义的是要获得听众的好感，引起他们的注意，开场白就是沟通讲话者和听众之间的第一座桥梁。”这位音乐家指出，讲话者的开场白必须“招耳”，即引起听众的注意，获得他们的好感。

获得听众好感的方式有多种。有的是在开头采用幽默语、形象语、发问语、警句、格言、典故、谚语等以引起听众的兴趣；有的语言朴实无华，但提出的是党和国家的重大问题；有的则充满激情，具有振奋人心的作用。作为讲话者，不管你准备了多少内容，最初的 30 秒都是最重要的。不要小看这短短的开场白，它将决定此后你所说的每一句话的命运。听众将根据你给他们留下的第一印象来决定是否耐心聆听你的讲话。因此只有独具匠心的开场白，以其新颖、奇趣、敏慧之美，才能给听众留下深刻印象，才能立即控制住场上气氛，在瞬间集中听众注意力，从而为接下来顺利讲话搭梯架桥。

> 1990年，中央电视台邀请台湾影视艺术家凌峰先生参加春节联欢晚会。当时，很多人对他并不熟悉，而当他说完那妙不可言的开场白后，就一下子被观众认同了，并受到了热烈欢迎。他是这样说的："在下凌峰，我与文章不同，虽然我们都获得过'金钟奖'和'最佳男歌星'称号，但我却是因长得难看而出名。一般来讲，女观众对我的印象都不太好，她们认为我是'人比黄花瘦，脸比煤炭黑'。"此言一出，观众们便捧腹大笑。凌峰的这段开场白给观众们留下了其为人坦诚率真、风趣幽默的良好印象。后来，在"金话筒之夜"文艺晚会上，只见他满脸含笑地对观众说："很高兴又见到了你们，很不幸你们又见到了我。"话音一落，全场便发出热烈的掌声。就这样，凌峰的名字被很多人记住了。

这个例子充分说明了开场白的重要性，像凌峰这样用幽默风趣的开场白吸引观众的注意力无疑是一种很有效的开场方式，也正因为他的开场白说得好，一开始就抓住了观众的心，才能在接下来的发言中让观众认真倾听。瑞士作家温克勒说："开场白有两项任务，一是建立说者与听者之间的感情，二是如字意所示，打开场面，引入正题。"温克勒也强调开场白应建立说者和听者之间的认同情感，并为下面的讲话做好准备，而凌峰的开场白很成功地做到了这一点。

开场白没有固定的格式，可以千变万化，但无论是采用哪种方式作为开场，都应该注意不要一开始就说很多客套话，也不要故弄玄虚，而要提纲挈领地说明讲话的主旨。

鲁迅先生的演讲《少读中国书》的开头：“今天我的讲题是，《少读中国书，做好事之徒》。我来学校是搞国学研究工作的，是担任中国文学史课的，论理应当劝大家埋首古籍，多读中国书。但我在北京，就看到有人主张读经，提倡复古。来这里后，又看到有些人抱着《古文观止》不放。这使我想到，与其多读中国书，不如少读中国书好。”这样的开头不仅交代了演讲的题目，而且点明了演讲的主题，起到了提纲挈领的作用。

曾有人指出：如果没有一个好的开头，想在整个讲话过程中始终做到轻松、巧妙地与听众交流思想是颇为困难的。通常那些有丰富的演讲经验和演讲学识的演讲家，都十分重视开场白。之所以这样说是因为：开场白是讲话者传递给听众的第一个同时也是最重要的信号，能否抓住听众的注意力，引发他们听的积极性和兴趣就取决于这最初发出的信息。所以，一个精彩的开场白不仅能为整场讲话添彩，也更容易让听众关注并认可接下来的讲话内容。但不管是哪种开场白的方法，使用时都应注意，要因人而异，因事而异，灵活掌握。

10 种精彩的开场白方式

大凡成功的讲话，都要在讲话稿开头下一番功夫，精心设计和安排好开头，力求开头像凤凰之冠那样俊美、漂亮。讲话稿开头的艺术性，概括地说，就是要求“镇场”。所谓“镇场”，是戏剧舞台艺术的专门术语。演戏要求镇场，而演戏的镇场，大多用演员上场的亮相来“镇”。讲话也要求镇场，即一开始就要求将全场听众的注意力吸引集中过来。讲话镇场虽然与讲话者上台的风度、情感、气质有一定的关系，但是主要的还是靠讲话稿开头本身的语言魅力。下面就为大家提供 10 种比较有特色的开场白方式：

一、设问式

设问式开头可以制造悬念，促使听众集中注意力，积极思考。如李大钊的《庶民的胜利》，一开始就提出几个问题：“我们这几天庆祝战胜，实在是热闹得很。可是战胜的，究竟是哪一个？我们庆祝，究竟是为哪个庆祝？我老老实实讲一句话，这回战胜的，不是联合国的武力，是世界人类的新精神。”

对于设问式开头应注意：不能泛泛地为提问而提问，提问的信息要与对象、场合相适应，同时讲究内容的合理性和确定性，要使听众感到新鲜，出乎意料，能激发听众积极思考，而且与后面阐述的问题联系紧密，能巧妙自然地引出讲话的主体内容。

二、故事式

讲话者一开始就讲述新近发生的奇闻怪事、令人震惊的重大事件或生动感人的故事,这种开头,由于故事具有情节生动、内容新奇等特征,容易赢得听众的关注,并能造成悬念,激起听众的兴趣。 如《救救孩子》是这样开头的:

> 去年5月24日的《新民晚报》,披露这样一个事实:一个四年级的小学生,每天要带父母亲手剥光了壳的鸡蛋到学校吃。有一次,父母忘了给鸡蛋剥壳,差点憋坏了孩子,他对着鸡蛋左瞅瞅,右看看,不知如何下口。结果只好原蛋带回。母亲问他怎么不吃鸡蛋,回答很简单:没有缝,叫我怎么吃!

以这个小故事为开头,引起了听众的思考。 然后,讲话者提出:我们是否也应该考虑一下孩子的社会生活能力究竟怎样? 今后他们能自立于社会,贡献于社会吗?

一位选手做《爱的真谛》演讲时的开头:

> 最近我从报上看到这样一则新闻:一个男青年和一个女青年正在热恋中,女青年突然患病瘫痪,然而男青年没有离开她,而是全力地帮她治病,下班后守在她身边为她喂饭吃药。他顶着社会和家人的压力,一守就是5年!就在女青年要做大手术的前一天,男青年找来了一个平板车,拉着女青年到民政局领取了结婚证,叮嘱她:"放心做手术吧!不管

结果如何，我都是你的丈夫……”

用故事触发兴趣的开头，要做到叙事简明扼要，短小精悍，不可啰唆拖沓；事情本身要有针对性，耐人寻味，能触发听众兴趣；所叙事情要与中心论题密切相关。

三、提问式开场白

提问式开场白，也叫作“问题引路”。讲话者一上台便向听众提出一个问题，请听众和自己一起思考，这样可以立即引起听众的注意，使他们一边迅速思考，一边留神听。这样，不仅有利于集中听众的思想，而且有利于控制场面。同时，听众带着问题听讲，将大大增加他们对讲话内容认识的深度和广度。例如，在为财贸系统职工讲话时，有位讲话者是这样开场的：

我们财贸系统的同志，被人们戏称为“财神爷”。在座的各位，都是理财行家，做生意的能手。现在，请允许我向大家请教一个问题：（略停顿）美国十大金融财团的首富摩根，当年从欧洲到美洲时，穷得发慌，只得卖鸡蛋为生。他弄了三篓鸡蛋，可卖了三天，一个也没卖出去。第四天，他让妻子去卖。结果，不到半天全卖完了。请问，这是什么原因呢？

这样以生意之“磁”吸“财神爷”们的兴趣之“铁”，吸引力自然是很大的，一下抓住了听众的心。

四、悬念式开场白

悬念式开场白即开头讲一个内容生动精彩、情节扣人心弦的小故事，或举一个触目惊心的事实来制造悬念，使听众对故事发展和人物命运深表关切，从而仔细听下去。例如，李燕杰的演讲《爱情与美》是这样开头的：

> 前年四月，北京一家公司的团委书记要请我去做报告，我因教学任务紧张推脱不去。这个团委书记恳切地说："李老师，你一定要去，我们这次是请你去救命的。"我很纳闷……

听演讲者这么一说，听众也纳闷了：到底发生了什么事，非请他去不可？这样开场，吸引力极强。

五、"套近乎"式开场白

讲话者根据听众的社会阅历、兴趣爱好、思想感情等方面的特点，描述自己的一段生活经历或学习、工作中遇到的问题，甚至讲自己的烦恼、自己的喜乐，这样容易给听众一种亲切感，他们会自然而然地把你当成"自家人"而乐于听你讲。例如，北京航空学院的项金红同志一次应邀到某体育学校演讲。一开始，他就介绍自己学生时代曾是学院田径代表队的队员，使听众觉得他是同行，有共同语言，双方的情感距离一下子缩短了。

六、赞扬式开场白

人们一般都有爱听赞扬性语言的心理。说几句让听众感到舒服的话能收到奇功异效。讲话者在开场时说几句赞扬性的话，可尽快缩短与听众的情感距离。有位演讲者到宜城做演讲，开场白充满赞美之情：

有人问我，最喜欢哪一首民歌，我脱口而出：《回娘家》！是的，宜城是我的娘家，是我母亲的土地。我热爱宜城，赞美宜城，也许首先是因为我们宜城人外表美。古代宜城有个大文学家叫作宋玉的写道：“天下之美在楚国，楚国之美者在臣里，臣里之美者为臣东邻之女。臣东邻之女，增之一分则太长，减之一分则太短，施朱则太赤，着粉则太白。”宋玉说，天下最美的人是我家东边隔壁的那位姑娘，那位姑娘增一分就太高了，减一分又太矮了；抹点胭脂太红了，擦点粉又太白了。各位老乡，你们说我们宜城人美不美呀？

听众热烈鼓掌。讲话者的巧妙引用，深情赞美，一下子抓住了听众的心。接着他讲宜城人心灵如何美，家乡如何可爱，一步步切入“爱家乡才能爱祖国，爱祖国就要投身改革大潮，创造有价值人生”的主题，收到了良好的效果。

七、新闻式开场白

新闻式开场白，即一开始就发布一条引人注目的新闻，以引起全场听众的高度注意。运用这种方式开场要注意两点：一是新闻必须真实可靠，切不可故弄玄虚，否则愚弄听众只能引起反感；二是事件要新，不能用早已过时的“旧闻”充当新闻。

八、道具式开场白

道具式开场白，也叫“实物式开场白”，即开讲之前先展示某件实物，给听众以新鲜、形象的感觉，引起他们的注意，从而一下子抓住听众的注意力，收到意想不到的效果。

有位演讲者向数百名教师做一场题为《做教育改革弄潮儿》的演讲。一上台就展示出齐白石的名画《雏鸡》，当听众的目光全被吸引过来之后，他才开口：

请看，在这幅一米多长、一尺来宽的画面上，齐白石先生只画了三只毛茸茸、憨乎乎的小鸡，其余处皆为空白，这些空白，给我们留下了无限广阔的想象和再创造的天地。看了这幅画，你是否会想到雏鸡会长成“一唱天下白”的雄鸡呢？你是否感到了春天的无限生命力呢？每个人可以根据自己的体验想象到很多很多——这就是“空白”的魅力。我们做教师的，能否都打破45分钟的“满堂灌”，也给学生留下一点回味和进行创造性思维的“空白”呢？

九、渲染式开场白

渲染式开场白，即运用形象的、充满情感的语言开头，创造适宜的环境气氛，引发听众相应的感情，进而吸引听众。如恩格斯在《马克思墓前的讲话》的开头：

3月14日下午两点二刻，当代最伟大的思想家停止思想了。让他一个人留在房里还不到两分钟，等我们再进去的时候，便发现他在安乐椅上安静地睡着了——但已经是永远地睡着了。

这个开场白，只用了短短的两句话，便把听众引进了一个庄严、肃穆、沉痛的气氛之中，激发了人们对革命导师的景仰、悼念之情，有利于听众接受讲话者接下来要展开的论述。

十、模仿式开场白

模仿某个人的语调或动作姿态，使听众产生丰富的回忆和想象，有助于推动讲话的深入。

> 大家还记得吗？1980 年 12 月，在香港伊丽莎白体育场举行的世界杯亚太区足球预选赛中，中国队 32 岁的足坛老将 18 号容志行，（模仿宋世雄的音调）以其熟练、细腻、漂亮的盘带动作，晃过了对方三个后卫队员的拦截，在离对方禁区 15 米远处起脚射门！射出一个什么呢？射出了一个“足球热”。

由于演讲者模仿得惟妙惟肖，几乎能以假乱真，因此一下子就使全场的气氛活跃起来。但运用模仿式开场白，要注意内容、场所、听众心理、民族风格等因素的制约，要以讲为主，以演为辅，且适可而止，否则会使人觉得华而不实，产生逆反心理。

赋予名字一个说法

在讲话时，开场白往往是点睛之笔，对整场讲话起着至关重要的作用，有时甚至决定讲话成败。如果在讲话开始听众对你的话就不感兴趣，注意力一旦被分散，那后面再精彩的言论也将黯然失色。 而很多人喜欢在开场的时候先做自我介绍，第一句一般都是先说自己的名字，但这个过程一点也不出彩，很难引起听众的兴趣，你的名字也会很快被忘记。 所以，要想开场的自我介绍能吸引人，就要在说法上下功夫，不妨试着给自己的名字编上特殊的意义，让听众一听就能记住讲话者，而由这个特殊的名字对接下来的讲话内容也产生兴趣。

请看下面这个自我介绍：

> 大家好，我叫马三立。三立，立起来，被人打倒；立起来，又被人打倒；最后，又立了起来。但愿不要再被打倒。我这个名字叫得不对，祸也因它，福也因它。

这是已故著名相声表演艺术家马三立先生做的自我介绍，他将自己的名字和亲身经历结合起来，既形象又容易记忆，加上淡淡的调侃语气，使听众们能够第一时间记住这个人，同时也成功地勾起了人们的好奇心，对他下面的讲话充满了期待。 这就是在做自我介绍时，赋予名字一个说法的两点好处——宣传自己并吸引听众。

在公众前做自我介绍和在生活社交中的自我介绍就不一样了，不能像生活中的自我介绍那么简单，毕竟你站在一个舞台上，既然站上去了，就让大家对你多了解点，你也能把握机会宣传下。 自我宣传其实是一件非常重要的事，就像马云走到哪都会讲他的阿里巴巴，牛根生走到哪都会讲他的蒙牛，俞敏洪走到哪都会讲他的新东方一样，我们要学会不断去宣传自己，让更多人知道你，并对你留下深刻印象。 那么，对于一些不像那些成功人士一样有“成就”可随时宣讲的人来说，用什么话题开场能适用于任何场合呢？ 不妨在自己的名字上做文章，因为名字人人都有，赋予它一个特别的说法，不仅能让听众快速记住你，而且这个开场可以说处处皆可用。

下面三个范例也可以作为参考，希望对大家以后讲话时的开场白有帮助：

亲爱的朋友们，大家下午好！我叫张文魁，弓长张，文武双全的文，一举夺魁的魁，来自思贤教育。今天很高兴能在这里认识这么多优秀的朋友，那么祝福在座的每一位朋友，自从认识文魁这一刻起，家庭更幸福，事业更成功，文武双全，一举夺魁！谢谢！

我姓宋，名德让。有一次，一位朋友对我说，他最愿意和我做生意，我说为什么，他说，和你做生意不吃亏，因为你送（宋）了还得（德）让。

我姓巩，巩俐的巩，虽然和这位大明星是一个姓，我的艺术细胞却少得可怜。但我的名字却有骨气，红梅，它欺霜赛雪，傲寒迎春，自古以来就被文人雅士所喜爱，希望大家记住巩红梅。

受以上范例启示，相信你也能赋予自己的名字一个有趣的说法，让听众印象深刻，很容易就记住你。

开场白的注意事项

开场白在整个讲话中具有极其重要的作用。尽管接下来的讲话过程可能听起来更令人紧张，但毋庸置疑，“良好的开端是成功的一半”。一个用心准备的开场白完全可以起到统领全篇的作用，集中注意力是开场白的关键任务，但它并不是开场白的唯一任务。下面是一个成功开场白的几项标准：

1. 开场白不能长。

2. 如果是稍长的讲话，应对讲话的主要内容做预告。

3. 许多人用过的套话不要再用。如：“我没什么要讲的，只因为……”“我很不会讲话，可是……”其他陈词滥调也不要用。假如实在想不到更精彩的开场白，就以单刀直入开场，如：“我与大家谈谈……问题……”“我赞成这样的说法，理由如下……”“我不同意那样的观点，我有如下根据……”

4. 集中听众的注意力。至于使用什么样的方式由你自己决定。

5. 让听众了解你的讲话目的和内容。

6. 使听众对下文产生期待。以一个轻松的玩笑开头，然后进入陈述事实和理论论证部分，你的听众将在这一过程中逐渐放松并开始认真倾听你的讲话。

7. 与听众建立互动联系。激起听众的兴趣，尽量使他们放松，完全投入到你的讲话中。讲话不是催眠，你要主动与听众沟通。

8. 告诉听众你的讲话与他们之间的关系，使他们坚信会从你的讲话中受益。

9. 使听众意识到你是讲话的操控者，给予他们必要的指导。例如他们应该何时、怎样处理这些问题。对每个新问题进行必要的解释。

10. 与听众一道深入探讨可能存在的相关问题，赢得听众的支持。

开场白的方式多种多样，讲话者不应拘泥于某一种形式，而应充分利用自己的优势进行自我宣传。你还可以利用各种视觉和声觉辅助工具。你的话题不必受时间和空间的限制，你可以自由地在过去、现在和将来的时空中穿梭，当然这些应尽量控制在简短的篇幅中。你可以从任何相关的背景中提取资源。总之，针对不同的听众你可以相应调整、修剪自己的信息。

正如有各种各样吸引听众注意的开场方式，同样存在许多即使是那些有经验的讲话者也很容易陷入的误区，一旦陷入其中，你精心准备的讲话就会前功尽弃。以下就是几种不宜使用的开场方式：

1. 不要一开场就反复述说讲话题目和内容。这段时间是你激发听众兴趣、制造悬念的阶段；反复重复听众已知的内容显然不是明智之举。不要一开场就说："今天我要跟大家探讨的问题是……"

2. 不要一开场就拿腔作调，假装抱歉。你可能以为这可以使你表现得更加友善和谦逊，但事实往往事与愿违，听众会误以为你缺乏自信。

3. 不要对听众中的"重要"人物区别对待。没有必要说"谢谢主席先生、琼斯市长、史密斯议员……"诸如此类的话，只有在政党候选人面对非常尊贵的听众发表相当正式的讲话时才会使用这种过分客套的言辞。 如果你想让听众注意他们中的某位人物，只需在讲话中直呼其名。

4. 不要解释你为何讲话。 不要向听众解释你认为主席邀请你发表这番讲话的原因。 记住，你站在台前便是最好的理由；你知道，听众也当然知道。 即使非说不可，也应高度概括你的解释。 记住“你的朋友不需解释，你的敌人不信解释”。

第十章

演讲内容与形式俱佳

话题选择要亲民

主题选定了，还要收集相应的材料对之进行论证。 材料的选择要通俗，要选择大多数人都知道的、听得懂的，而不能选择太生僻的、很少有人知道的。 因为听众没有时间去验证或查找这些材料的内容或出处。 因此，在准备讲稿之前首先要了解听众的情况：他们是什么人，他们的思想状况、文化程度、职业状况如何，他们所关心的问题是什么，等等。 掌握了听众的特征和心理，在此基础上恰当地选择材料、组织材料，是讲话成功的必要条件。

一般来说，听众怀有浓厚兴趣的话题大多为以下几种类型：

1. 满足求知欲的话题。 人们对于陌生的知识领域或神秘不可即的事物总是充满了探索的欲望，于是便希望掌握各类知识，以解除内心的迷惘和困惑，充实和发展自己。 这是人类生存的本能需要。

2. 刺激好奇心的话题。 因为每个人都有好奇心。 我们可以通过各类趣闻、名人轶事、突发事件、科学幻想、传奇经历等内容来激发听众的好奇心。

3. 与听众利益息息相关的话题。 听众最关心的无非就是涉及自己切身利益的事情。 因此，凡是关系到吃、穿、住、行等利益的讲话必定会受到欢迎。

不过，高明的讲话者更应该具备把间接涉及听众利益的话题转化为与听众直接相关的话题的能力。

4. 有关信仰和理想的话题。 没有探索、没有理想、没有事业的生活将是一片空白。无论古今中外，人们都在为信仰和理想孜孜不倦地探索和追求着。因此，有关这方面的话题定能投大众所好，尤其是青年听众。但讲话的内容必须要有针对性、现实性和生动性，否则将不能引起听众的共鸣，也达不到讲话的目的。

5. 娱乐性话题。平淡无奇或过于严肃沉闷的内容不可能取得讲话的成功。然而若能在讲话中穿插些幽默、笑话或娱乐性故事类的话题，就能在短时间内提起听众的兴趣，这种话题大多用于礼仪场合和出于交际的目的。

6. 满足群众优越感的话题。世界上几乎没有人不喜欢奉承。所以讲话者应尽量掌握听众的基本情况，以便在讲话过程中穿插一些能满足听众优越感的话题，以期收到良好的效果。

另外，演讲理论家邵守义先生也在《实用演讲学》一书中说道："演讲者只有了解听众，并从听众的实际出发，有针对性地选用材料，才能唤起听众的听讲热情和兴趣。"也就是说，选用有针对性的材料，讲话才能吸引听众。有针对性地选用材料，可以从以下几方面入手：

一、选用切合讲话场合的材料

2007 年 10 月 28 日晚，第四届鲁迅文学奖颁奖典礼，在鲁迅先生的故乡——浙江绍兴举行。中国作家协会主席铁凝有感而发，热情致辞。她在讲话中这样讲道：

> 一踏入鲁迅先生的故里，我就真切地感到文学的气场、气韵生动起来，鲜活起来。鲁迅先生的风骨，穿越了七十年的时光，在这个庄重而清明的夜晚，与我们每个人的内心相对。云山苍苍，江水泱泱；先生之风，山高水长……鲁迅文

学奖给作家带来的，不仅是荣誉，更重要的是责任。我们相聚在这里，就是要继承鲁迅精神，积极履行人类灵魂工程师的职责。继承鲁迅精神，就是要像鲁迅先生那样心怀广大，致力于文学对社会现实的关怀与担当；就是要像鲁迅先生那样，用极富创造性的艺术形式表现一个时代、一个民族的精神品貌。因此，对我们来说，今天在这里，不是终点，而是一个新的起点。

铁凝首先真切地抒发了自己“一踏入鲁迅先生故里”的内心感受，接着诚挚地表达了对中国文学工作者的“满怀敬意”，继而深刻地阐述了文学的价值和鲁迅文学奖的意义，最后明确地指出了鲁迅文学奖给作家带来的“责任”，并号召大家“继承鲁迅精神”，从“新的起点”向前迈进。 这些针对性很强的情理和事理材料，不仅切合了颁奖典礼的特定场合，而且突出了鲁迅文学奖的活动主题，给现场听众以思想的启发和精神的激励。

二、选用适合听众文化程度的材料

近年来，著名健康问题专家洪昭光教授通过举办健康讲座，面向全社会传播科学的健康知识，受到大众的欢迎和媒体的好评。 在一次题为《生活方式与身心健康》的讲话中，他这样分析和讲解遗传的影响：

遗传的影响，我们简单用一个例子来说明一下。小白兔应该吃什么呢？本应该吃萝卜，但假如从今天开始，让小白兔改吃鸡蛋拌猪油，蛋黄胆固醇高，猪油是动物脂肪，四个礼拜胆固醇增高，八个礼拜动脉硬化，十二个礼拜小白兔个个得冠心病。下面，我们换用北京鸭子做实验，让它吃蛋黄拌猪油。结果很奇怪，鸭子怎么吃，天天吃，胆固醇不高，动脉也不硬化，更没有冠心病。唉！这就奇怪了，怎么兔子一喂就动脉硬化，鸭子就没有动脉硬化呢？道理很简单，兔子是兔子，鸭子是鸭子，遗传不同啊。人也是一样：为什么张三一吃肥肉，胆固醇高，动脉就硬化，冠心病也来了，而李四天天吃肥肉，他什么事也没有？因为张三是兔子型的，李四是鸭子型的，鸭子型就没事，你兔子型就倒霉，先天性倒霉。为什么有人你看他吃得并不多，可就减肥减不下来，那个吃得很多的人却胖不了？就因为人类型不同，有些东西遗传100%，有些遗传是个倾向。高血压、冠心病是一个倾向。

洪教授明白，听他演讲的人，大多是关注健康的普通群众，如果他一味使用专业术语进行讲解，就会使讲座变得曲高和寡，索然无味。因此，他在讲解有关医学知识的时候，往往选用一些通俗易懂的事例材料加以说明。比如，上例中，在讲解得病的遗传影响时，他就有针对性地选用了小白兔和北京鸭的实验材料作为例子，从而深入浅出地说明了不同类型的人的遗传差异及其与疾病之间的关系，让听众懂得了高血压、冠心病的遗传倾向对人的致病影响。

三、选用符合听众心理需求的材料

2007年4月5日，著名作家毕淑敏为她的心理励志小说《女心理师》在北京市监狱举行首发式。期间，面对众多服刑人员，毕淑敏发表了题为《世界上最大的勇气莫过于相信奇迹》的讲话，她充满真情地讲道：

心理是身体的奇迹，人获得幸福与否取决于心理是否健康。曾有一家报社做过一个调查：谁是世界上最幸福的人。结果最幸福的人依次为：给孩子刚洗完澡，怀抱婴儿微笑的母亲；刚给病人做完手术，目送病人出院的医生；在沙滩上筑起沙堡，看着成果的孩子；写完小说最后一个字，画上句号的作家。看完这个消息，我有深入骨髓的悲哀。这些幸福，我几乎都曾拥有，但自己却感觉不到，是幸福盲。因此，幸福关键在于我们发现幸福的目光，在于内在的把握、永恒的感情和灵魂的拯救。

毕淑敏深知，这些服刑人员中的大多数人之所以被关在这里，是心理困惑和精神空虚导致他们最终触犯法律的，他们也渴望幸福的生活，却理解错了幸福的真正含义，为了所谓的“幸福”，他们不择手段，铤而走险，最终走上了犯罪道路。于是，她针对这些特殊听众的心理困惑和精神需求，首先揭示了心理健康的重要性，接着引述了一个关于“谁是世界上最幸福的人”的调查材料，然后表达了自己是“幸福盲”的真实感受，最后得出结论：幸福的关键在于“我们发现幸福的目光”，在于“内在的把握、永恒的感情和灵魂的拯救”。她的讲话，重在心理分析和精神引导，既让服刑人员感到亲切，又能促使他们自我反省，从而达到针对听众进行心理矫正的目的。

此外，还可以选用契合听众兴趣和爱好的材料或者能向听众指明行动方向、教给听众行动手段和方法的材料等。总之，有针对性地选用材料，时刻把听众的愿望、想法、利益放在心上，才能使讲话吸引听众。

论据运用要有话说

大多数讲稿的本质就是一篇议论文，目的是为了证明某一个观点的正确性。所以，论据就成了讲稿中不可缺少的一部分，它是证明观点的材料。观点要让人信服就不能只是空洞地说教，需要有充分的论据来证明。

在议论文里，论据可以分成事实论据和道理论据两类。事实论据，包括有代表性的确凿的事例、史实以及统计数据等。“事实胜于雄辩”，典型的事实论据，常常是最有说服力的证明材料。因此，使用事实论据，让事实说话，是写议论文章常用的基本方法，也是我们写讲话稿时应该被提倡的方式。如《发问的精神》一文，一连用了四个事例：牛顿由对苹果落地发问而创立了“万有引力”学说，瓦特由对壶水滚沸发问而发明了蒸汽机，释迦牟尼对人生发问而创立了佛教，孔子好问则成为万世景仰的圣人。从而有力地证明了“发问精神的可贵”。

作为论据的事实可以是具体的，也可以是概括的。《想和做》中有这样一段论证：“在学校里，有些同学很‘用功’，可是不会用思想。……另外也有一些同学，他们能想出些省力的有效的方法，拿来记住动植物的分类，弄清历史的年代。”这里讲的“有些同学”，用的就是概括性的事实材料。有些不擅长写讲稿的人，尤其是某些处于领导位置的人，刚开始尝试自己写讲稿时，一旦写到论据部分，往往把自己的思路限制在名人事例的小天地里，其实只要可以证明论点，无论天下大事还是个人小事，都可以为你所用。

在使用事实论据证明某一个观点时，需要注意以下几个问题：

1. 要注意事实材料的真实性，切忌胡编乱造。 比如有时候由于材料记忆不准，又懒得再去核实，就把爱迪生发明电灯的事情安到了爱因斯坦身上。 但事实又是被大多数听众所熟知的，一听就知道你所说的是错误的，当然会影响到效果，而且还会使听众对你的学识产生怀疑。

2. 要注意材料与观点的一致性，特别是那些内涵丰富的材料，一定要仔细斟酌。 有时，一件事情的成因是多方面的，如果把握不好其中诸多因素的细微差异，就会造成论据与观点脱节。 比如有一个材料是这样的：一位平时工作很努力的科学家，在业余时间喜欢研究围棋。 某天，他收到一个重要课题要做，但时间有限，为了完成工作，他舍弃了平时钻研围棋的习惯，将业余时间也利用上，终于在限定的时间内取得了成功。 但有人却用这个事例来证明“勤奋才能成才”，这显然不符合人们的思考逻辑，因为这个材料的主旨应该是为了事业的成功，要舍得割爱。 材料的主旨与观点须一致，才能证明观点的正确性。

3. 用事实论证还要注意对事实的分析论述。 不能只是将事实一摆，事例讲完就不管了。 只有经过分析论述，事例才能更有效地证明观点。 有一篇题为《俭以养德》的讲稿，为了论证“勤俭可以养德”的观点，内容中用了鲁迅不换新棉裤、坚持睡硬铺板的事例，紧随这个事例的是作者的议论：“是鲁迅连一条棉裤也穿不起吗？当然不是；是鲁迅吝啬吗？ 当然更不是。 鲁迅对青年、对革命，向来是十分慷慨大方的。 鲁迅深刻地领悟到这一真理：工作容易被安逸的生活所累。”这段分析，揭示了所用事例的意义内涵，使事例与自己要证明的观点更加自然、紧密的融为一体，事例的证明作用才更加突出、有力。

4. 事例的指向性和论证意识要鲜明突出。在讲述事例时，最好使用概述的方法，详细叙述能够证明观点的主要情节。在能够有力论证观点的前提下，事例的叙述，应是越简洁越好。但有些人讲事例时缺乏论证意识，洋洋洒洒地把事情的全部经过描述一遍，占用的篇幅很大，却不能有力地证明观点。所以这一点应该注意，论述之前一定要明白你想要表达什么观点，然后在事例中找相同的部分，重点讲这一部分，其他辅助的材料可以几句带过。

与事实论据不同，道理论据是指经过实践检验的精辟理论、名言警句、民间谚语及公认的事理等。这样的言论有着一定的权威性和可信度，引用为论据，也能有力地证明观点，增强说服力。比如，要论证“贵在坚持”这一观点时，可以引用先贤荀子的名言“锲而舍之，朽木不折；锲而不舍，金石可镂”，因为这句话和观点十分贴切，其证明效果就很好。

使用道理论据，要注意所引语言与论点的一致。有的人在写讲稿时因为引言得之不易，内容又好，不忍割爱，硬塞入文，反而破坏了讲稿内容的统一。比如有人在论证“骄傲使人落后”的观点时写道：“马克·吐温曾说：‘每一个人都是一个月亮，他的一个阴暗面，从来不让任何人看见。’这不正是说明了人不能骄傲的道理吗？”显然，这则名言的使用是不恰当的。马克·吐温的话，意思是人都有两面性，这与“骄傲”并不是一回事，不能被用来证明观点。使用道理论据还要注意保证引言的准确，引文的内容及出处都不能有误。论据不真实、不准确，必定会削弱讲话的说服力。

用好论据的前提，是讲话者头脑中丰富的知识储备。平时要关心时事，关注生活，多读书报，注意准确地积累材料。还要特别注意强化自己的联想能力，打开思路，调动自己全部的知识积累。联想的触角可以古今中外，无所不及。自己学到的东西、报刊电视上得到的信息、耳闻目睹的生活事件等，都可以拿来使用，成为证明论点的论据。

准备有“适合性”的演讲内容

有人凭着三寸不烂之舌，不用一兵一卒，便能连下数城；也有人单枪匹马，面对众多敌人，慷慨陈词，结果竟化敌为友。陈胜当年揭竿而起，振臂一呼，天下便能云集响应，这与他那次成功的讲话很有关系。

一场成功的讲话，是一支神奇的枪，一柄锋利的剑。而一场成功的讲话，又首先取决于一篇成功的讲稿。

当然，正如“诗无定法”一样，讲稿的写作也可以说是没有定法的。但一般来讲，它又具有一定的规律可循。

首先，讲稿的内容、风格要根据对象、场合，甚至讲话者本人的一些特定情况而定。用美国演讲专家多利斯·莎劳夫的话讲，讲稿既要适合你，又要适合他，同时，还要适合当时的场合以及规定的时间。

所谓适合你，是说讲稿正好适合讲话人的年龄、身份、气质以及特长等。否则，不仅会影响讲话效果，有时甚至还会弄得人啼笑皆非。比如你是一个中学生，却偏偏要你去讲一篇老成持重、带有严重教训口吻的训词，你试试看？再比如你是一个饱经沧桑的成熟老练的长者，那么，你去对一群天真活泼的青年做一次情绪激昂，甚至不合自己身份的讲话，试试看？其效果是可想而知的。所以说，讲稿一般来讲要适合讲话的人。像 1987 年曲啸的题为《我的路》的讲话，就非常适合讲话者本人的身份、年龄、职业以及气质。这次讲话的听众是大学生和大学里的老师们。而讲话者本人就是一个大知识分子、大学教授。他把自己的遭遇以及当时知识分子的真实心态呈现在听众面前，深深地打动了听众。正因为这篇讲稿准确地把握住了讲话者本人的身份以及其他一些特定的情况，所以它隽永动人，易于接受。

所谓适合他，适合场合，这也是写讲稿时必须考虑的。比如你对一批山区的老农讲话，却不断地使用着“是可忍，孰不可忍”之类的文言句子，那么，纵然你的拳头握得再紧，你的声音提得再高，听众的表情恐怕也只能是一片茫然。而像日本著名作家川端康成在瑞典斯德哥尔摩接受诺贝尔文学奖时所做的题为《我在美国的日子》的演讲，尽管它文气十足，华丽优美，但由于它适合到会的听众，适合当时的环境，所以，被认为是一篇著名的讲稿。

总之，讲稿的写作，一定要注意它的适合性。只有适合“你”的，才会易于表达，表达得更好；只有适合“他”的，才容易被人接受，取得应有的、更好的效果。

其次，演讲稿一定要有充沛的感情，有较强的说服力。当然，二者在一篇讲稿中有时允许有所偏重。如果是一篇呼吁性的讲话，由于要考虑到它的煽动性，可以偏重于充沛的激情；如果是一篇辩论性的或是一篇劝导性的讲话，由于要以理服人，所以，它可以偏重逻辑性、论证性。不过，如果能将二者统一在一篇讲稿中，则更好。

像闻一多先生的《最后一次的讲演》，便可以说是一篇富于激情、具有很强说服力的讲稿。正因为如此，所以它不仅在讲演时获得了数次的热烈掌声，而且，它至今仍回响在我们的耳畔，使我们缅怀先烈，痛恨敌人，时时想起闻先生的音容笑貌。

再如荣获北京市首届大学生演讲比赛一等奖的题为《弱者，你的名字不是女人》（张红、粟红钢撰稿，周怡演讲）的讲稿，也是热情洋溢，充满着时代气息的。它抓住当时社会上人们普遍注意到的女同志的事业和家庭生活的矛盾，层层剖析，步步推进，充分表达了八十年代的女大学生的宏伟抱负和崭新的生活观。在这篇讲稿中，作者以极富煽动性的语言，大声疾呼：

> 前人经验也告诉我们，女性同样可以在事业上获得辉煌的成绩。只不过作为女性，要多付出三分汗水、五分勇气、十分毅力、十二分艰辛。（议论、笑、掌声）我们既要事业也要生活，这就注定我们将终生忙碌。
>
> 我们认了！（长时间热烈鼓掌）
>
> …………
>
> 让怯懦的人去徘徊吧，让俗人们去议论和怜悯吧。同伴们，我们走着自己的路！弱者，你的名字不是女人。（持久而热烈的掌声）

听着这样的演讲，有几个勇敢的女性不把巴掌拍破？听着这样的演讲，又有几个新时代的女大学生不为之激动呢？

富于激情、富于煽动性的讲稿在中外历史上是很多的。如美国总统亚伯拉罕·林肯于1863年11月19日所做的著名的《葛底斯堡演讲词》、英国首相丘吉尔任职第三天所做的《热血、辛劳、眼泪和汗水》的演说即是。

当然，有的讲稿是以雄辩性、逻辑性、说服力著称的。比如美国独立战争与建国时期著名的政治家和演说家佩特瑞克·亨利的《诉诸武力》即是。

最后，讲稿的写作还要注意文学性、技巧性。为了使讲稿写得生动、形象，人们常常采用比喻的手法，甚至有时采用通篇用比的手法。例如一个夺得全校演讲比赛第一名的同学在授奖大会上做的答谢讲话：

> 在一个很大很大的瓜田里，有无数的西瓜。它们有很多很多，有的很大，而且很好。有一个西瓜恰好生长在路边。于是，它很容易地便被人发现了。和瓜田的其他许多西瓜比起来，这个生长在路边的西瓜或许并不算最大，并不算最好。但是，由于它被人们发现了，所以，受到了一连串的称赞："好瓜！好瓜！"
>
> 那么，这个西瓜应该怎么想呢？如果它在颂扬声中飘飘然起来，真以为是"老子天下第一"，那么，它便是一个大傻瓜；如果它以为自己的长成完全是凭自己，而忘记了园丁们的培育、浇水、施肥，那么，它也是一个大傻瓜；如果它在颂扬声中能保持清醒，继续生长，力追同伴，那么，它才真正是一个"好瓜"。
>
> 我，就是这个生长在路边的、已被人发现的、很大的瓜

田中的一只瓜。

这篇演说词虽然很短，但由于它全篇用比，所以，将演讲者本人的那种谦虚谨慎、再接再厉、不忘园丁、不忘同伴的思想和品德表达得恰如其分，非常完满，非常生动形象。

紧紧抓住听众的注意力

听众的注意力是有限的，无论讲话者怎样努力，总会遇到听众注意力不集中的情况，在这种情况下，讲话时需要想一些办法把听众的注意力吸引回来，否则就会导致讲话的失败、会场秩序的混乱。

1. 声东击西

所谓声东击西，兵法原文是这样写的：“凡战，所谓声者，张虚声也。 声东击西，声彼而击此，使敌人不知其所备。 则我所攻者，乃敌人所不守也。”它的意思是：凡是作战，所谓声，就是虚张声势。 在东边造声势而袭击的目标是西面，声在彼处而袭击此处，让敌人不知道如何来防备。 这样我所攻击的地方，正是敌人没有防备的地方。

我没有踌躇过一刹那，去放弃那遵循格律的戏剧。地点的一致对我犹如牢狱般可怕，情节的统一和时间的一致是我们想象力的沉重桎梏。我跳进了自由的空气里，这才感到自己（生长了）手和脚。现在，当我认识到那些讲究规格的先生们从他们的巢穴里给我硬加上了多少障碍时，以及看到有多少自由的心灵还被围困在里面时，如果我再不向他们宣战，再不每天寻找机会以击碎他们的堡垒的话，那么我的心就会愤怒得碎裂。

法国人当作典范的希腊戏剧，按其内在的性质和外表的状况来说，就是这样的：让一个法国侯爵效仿那位亚尔西巴德却比高乃依追随索福克勒斯要容易得多。

开始是一段敬神的插曲，然后悲剧庄严隆重地以完美的单纯朴素（风格），向人民大众展示出先辈们的各个惊魂动魄的故事情节，在各个心灵里激动起完整的、伟大的情操；因为悲剧本身就是完整的、伟大的。在什么样的心灵里啊！

希腊的！我不能说明这意味着什么；但我感觉出这点，为简明起见，我在这里根据的是荷马、索福克勒斯及忒俄克里托斯：他们教会我去感觉。

同时，我还要连忙接着说：小小的法国人，你要拿希腊的盔甲来做什么？它对你来说是太大了，而且太重了。

因此所有的法国悲剧本身就变成了一些模仿的滑稽诗篇。不过那些先生们已从经验里知道，这些悲剧如同鞋子一样，只是大同小异，它们中间也有一些乏味的东西，特别是经常都在第四幕里，同时他们也知道这些又是如何按照格律来进行的。这方面我就无须多花笔墨了。我不知道是谁首先想出把这类政治历史大事题材搬上舞台的。对这方面有兴趣的人，可以借此机会写一篇论文，加以评论。这发明权的荣誉是否属于莎士比亚，我表示怀疑；总而言之，他把这类题材提高到至今似乎还是最高的程度，眼睛向上看（的人）是很少的，因此也很难设想，会有一个人能比他看得更远，或者甚至能比他攀登得更高。

莎士比亚，我的朋友啊！如果你还活在我们当中的话，那我只会和你生活在一起；我是多么想扮演配角匹拉德斯，假如你是俄来斯特的话！而不愿在德尔福斯庙宇里做一个受人尊敬的司祭长。

这是歌德纪念莎士比亚的一篇讲话，但是他并没有直接说明莎士比亚的作品有多么的优秀，而是说明另一些作品的特点，最后通过这样的比较来达到了赞美莎士比亚的目的。 声东击西，是忽东忽西、即打即离的一种讲话方式。 如果我们发现听众对于讲话的内容出现了疲劳和厌倦，在采用正攻的方法是无法取得预期效果的，这时可以采取佯攻，突然说些表面上和讲话没有太大关系的内容，反而能够引起听众的好奇心。

因此，在同听众的接触中，不要太急于暴露自己的意图，尽量将对方的注意力转移到他所感兴趣的地方，使对方逐渐对你产生信任感，从而建立起良好的关系，此时讲话才能取得良好的效果。

2. 投石问路

当讲话者不确定某个论点是否能吸引听众时就可采用这种方式。 有时，为了了解对方心中的秘密，又不便直问，就可以用“投石问路”的曲问法进行试探。 对于一些敏感的人来说，问者须得谨慎才行。 投石问路之法也被广泛运用于审讯之中。

3. 欲正故谬

当讲话者发现听众走神时，可以故意将一些简单的问题说错，这样不但能吸引没有走神的听众们的互动，同时能将走神的听众的注意力吸引回来，还能够缓解讲话现场的气氛。 当我们要启发听众思考某一个问题时，与其告诉他们答案或者给予提示，不如我们故意说一个错误的答案来刺激他们思考问题，因为当讲话者说错时，就能够激发他们思考的欲望，最显著的例子就是教师在教学时的提问方式。 学生在上课时，注意力大约只能集中 20 到 30 分钟，但是通常教师都要讲上 45 分钟，这样就会导致学生在后半段的课程上经常会走神，作为教师，为了保证教学质量，就要想尽一切办法把学生的注意力吸引回来，这时欲正故谬就是一种非常有效的方法。

4. 欲实先虚

所谓欲实先虚，是讲话者为了让对方顺着自己的意愿来展开话题而设下的一个圈套。 这是因为平铺直叙地将道理讲述出来，有时无法打动听众的心，不能吸引听众的注意力。 这个时候，由讲话者先虚设一问，这一问乍一看与讲话内容毫无关系，或者让对方摸不清虚实，当对方给出答案后，这种答案其实正是讲话者想要的，这时讲话者就可以抓住对方的话柄，以此为契机，得出想要的结论。这时，听众也就无法否认自己刚才说过的话了，这样也就无法否认讲话者的结论了。 通过这样的小圈套来达到讲话的目的。

语言要富有知识性

如果想要使自己的讲话语言充实动人，必须具有丰富的知识性。知识可以使讲话产生魅力，知识可以使讲话闪现光彩。那么，如何让讲话内容富有知识性呢？以下几点建议供大家参考：

1. 要有生活常识色彩

讲话要尽可能地掌握各种有用同时又极其普通的生活常识，如风俗人情、乡土言谈、趣闻逸事以及谚语笑话等。各种知识在讲话中恰当运用，常常可以取得很好的效果。比如，某位领导在公司的业绩考核大会上，看到下面的员工都神情紧张，就风趣地说："弦要拉紧才发音，但是，拉得太紧就会断。该紧的时候就紧，该松的时候就不要绷着了。"在这里，这位领导运用的是一个极其普通的常识，而说的却是一个极其深刻的道理。

2. 要有专业知识色彩

讲话需要常识，更需要专业知识。如果说常识能使讲话显得生动、活泼，那么，专业知识却可以使讲话深刻、严密。

鲁迅先生在中华艺术大学做过一次讲话，他从上古时代的绘画、19 世纪的新派画，一直谈到当时中国美术界的各种倾向，充分显示了鲁迅先生的知多识广，使听众受益匪浅。讲话者的专业学识水平直接关系着听众获取的知识量(或称信息量)及其质量。领导者的专业知识丰富且有较深造诣，讲话就能深刻，给人以启迪。

3. 要符合逻辑

语言学家吕叔湘、朱德熙在《语法修辞讲话》中指出：“要把我们的意思正确表达出来，第一件事情就是要讲逻辑，一般人所说的‘这句话不通’，多半不是语法上有毛病，而是逻辑上有问题。”显然，逻辑是正确表达思想的首要条件。领导者要使自己的讲话概念准确，判断恰当，推理合理，论证有力，同样要依靠逻辑，使之符合逻辑要求。

1919年3月，列宁在乌里茨基宫发表演讲。当时听众中别有用心的人叫喊：“自由在哪里？”列宁便用无可辩驳的逻辑痛斥叫喊者：“自由是个好的字眼，到处都可碰到‘自由’，贸易自由、买卖自由等等。孟什维克和社会革命党人这些无赖在每一种报纸上、每一次讲话中，都要这样或那样地引用‘自由’这个美丽的字眼，但所有这些人都是把人民拉向后退的资本主义的骗子和奴才。”革命导师用简明而有条理的逻辑判断和论证，有力地批驳了敌人的攻击。

4. 要善于运用警句

警句，就是诗文、谈话中言简意深、语意新颖、警策动人的句子。在领导者讲话中适当使用警句，往往能够妙趣横生、余味无穷，使听众眼界大开，收到事半功倍的效果。

2003年9月，光明日报代表团赴美，为第一套全方位展现300万在美华人当代生活的大型纪实文学丛书举行首发式，光明日报记者、著名女作家韩小蕙做的《且听他们的慷慨悲歌》的讲话中有这么一段话：

> 500 多年前，中国明朝有一位著名的清官、忠臣，名叫于谦，他曾留下一首在中国妇孺皆知的诗，叫作《石灰吟》："千锤万凿出深山，烈火焚烧若等闲。粉身碎骨浑不怕，要留清白在人间。"我觉得华人在美的创业路程，就是"千锤万凿"，就是"烈火焚身"。同时，也有许多先驱者"粉身碎骨"，为后人铺下了越来越坚实的路。

讲话中巧妙地运用了于谦的诗，具体形象地表现了华人在美国创业道路上的不畏艰难、勇于拼搏的精神，同时充分地向听众展示了自己的文化底蕴和文学素养。

第十一章

演讲结尾要有力，引人深思

号召式结尾

俗话说“编筐编篓，重在收口；描龙画凤，难在点睛”。讲话的结尾，就是讲话的“收口”“点睛”。美国作家约翰·沃尔夫认为“演讲最好在听众兴趣末尽时戛然而止”。其意就是说，最好在演讲达到高潮时果断“刹车”，以此来强化给听众的最佳印象。

拿破仑说过：“兵家成败决定最后五分钟。”我们同样可以说，讲话的成败在相当程度上取决于讲话的结尾。这是因为，如果讲话者设计和安排的讲话开头和高潮精彩，再加上有一个出人意料、耐人寻味的好结尾，那么，就如同锦上添花，会给听众带来一种精神上的愉快和满足。相反，如果讲话者设计和安排的结尾没有新意而平凡无力，没有激起波澜而陈旧庸俗、索然无味，那就会使听众深感遗憾，失望而去。因此，讲话的结尾要比开头和主体部分要求更高，内容要更有深度，语言要更有力度，方法要更巧妙，效果要更耐人寻味。可见，讲话的结尾是走向成功的最后一步，它在整个讲话中起着不可忽视的重要作用。

好的结尾能揭示题旨，加深认识，给听众留下完整深刻的印象；能收拢全篇，使通篇浑然一体；能鼓动激情，促人深思，令人觉醒，能让听众在反复回味中受到教育和启发。所以，每位讲话者不仅要熟练地掌握讲话结尾的艺术技巧，而且要善于设计、安排出既符合内容要求，又符合讲话时境的新颖而又精彩的结尾，只有这样才能使自己的讲话取得全面成功。

讲话结尾的类型和方法，多种多样，不拘一格，讲话者可根据自己讲话的具体时间、地点、主题、听众及自己个性等因素，选择适合自己结束讲话的方法，使之有效地为讲话的思想和目的服务。归纳起来，常见的讲话结尾方式大体可以分为以下几种：

呼吁式结尾。如古希腊狄摩西尼的《斥腓力演说》是这样结尾的："即使所有民族同意忍受奴役，就在那个时候我们也要为自己而战斗。辞令的灵魂就是行动！行动！再行动！"这种结尾有利于号召听众愤然而起，具有强烈的鼓动色彩。

用提希望或发号召的方式结尾。这种结尾是演讲者以慷慨激昂、扣人心弦的语言，对听众的理智和情感进行呼唤，或提出希望，或发出号召，或展示未来，以激起听众感情的波涛，使听众产生一种蓬勃向上的力量。如讲话稿《一位纪委书记的"小家"和"大家"》结尾就是用提希望的方式完成。

> 同志们，朋友们，我们正处在一个伟大变革的黄金时代，经济的发展，国家的富强，民族的振兴，需要全体人民的艰苦奋斗，特别是共产党人的模范带头作用。如果每一个共产党员都能正确处理好"小家"和"大家"的关系，严格地按党性原则要求自己，用党的纪律约束自己，用党旗下那神圣的誓言激励自己，那么我们党的形象将会更加光彩照人，我们党将会更加坚强伟大！

这种结尾的方式是讲话者用深刻的认识和独到的见解向听众提希望、发号召，能使听众精神为之一振，具有动人情、促人行的作用。

展望式结尾。如韩健在的《在失败面前挺起胸膛》讲话结尾为：“我深知，我将来可能败得更惨，但我不怕，因为怕失败的人永远不会成功!”以展望未来结束演讲，使人憧憬，余韵深长。

结尾要简洁有力，余音绕梁。结尾是演讲内容的自然收束。言简意赅、余音绕梁的结尾能够使听众精神振奋，并促使听众不断地思考和回味；而松散疲沓、枯燥无味的结尾则只能使听众感到厌倦，并随着事过境迁而被遗忘。

名言哲理式结尾

在所有的结尾方法中，如果你能找到合适的短句或诗句结尾，那是最理想不过的。它将产生最合适的风味以及庄严气氛，将可表现出你的独特风格，产生美的感受。如蒋昌健《性本善》的辩论总结陈词中这样结尾：“谈到这里，我不由得想起一百多年前生活在柯尼斯堡的一位叫康德的老人说过的一句话：‘这个世界唯有两样东西能让我们的心灵感到深深的震撼，一是我们头顶上灿烂的星空，一是我们内心崇高的道德法则。’”以名言警句作为演讲的结尾，内涵丰富，发人深省。

用哲理名言、警句做结尾的方式，是通过引用名言、警句、谚语、格言、诗句等作为结尾，这样不仅使语言表达得精炼、生动、富有节奏和韵律，而且还可以使讲话的内容丰富充实，具有启发性和感染力，同时还可以给人一种生动活泼、别开生面之感。如讲话稿《谈毅力》的结尾：

毅力是攀登智慧高峰的手杖；毅力是漂越苦海的舟楫，毅力是理想的春雨催出的鲜花。朋友，或许你正在向成功努力，那么，运用你的毅力吧。这法宝可以推动你不断地前进，可以扶持你度过一切苦难。记住："顽强的毅力可以征服世界上任何一座高峰！(狄更斯语)"

世界扶轮社社长哈里·劳德先生以这种方式结束他的演说："各位回国之后，你们之中某些人会寄给我一张明信片。如果你不寄给我，我也会寄一张给你。你们一眼就可看出那是我寄去的，因为那上面没有贴邮票。但我会在上面写些东西：春去夏来，秋去冬来，万物枯荣都有它的道理。但有一件东西永远如朝露般清新，那就是我对你永远不变的爱意与感情。"

这首短诗很配合他演说的气势。因此，这段结尾对他来说，是极为合适的。

用名言式结尾，能给演讲者的思想提供有力的证明，增加讲话的可信度，让演讲显得更加优美、含蓄，睿智大气，具有较强的说服力和鼓舞作用。

幽默式结尾

"余音绕梁，三日不绝"是讲话结尾追求的最佳效果。而在多种多样的讲话结束语中，幽默式结尾可算达到这种效果最好的一种。一个讲话者能在结尾时赢得笑声，不仅是自己讲话技巧十分成熟的表现，更能给本人和听众双方都留下愉快美好的回忆，也是讲话圆满结束的标志。那么，怎样才能做到幽默式结尾呢？

一、用幽默的语言来结束演讲

1. 造势

我国著名作家老舍先生是好幽默的。他在某市的一次讲话中，开头即说“我今天给大家谈六个问题”，接着，他按照第一、第二、第三、第四、第五的顺序，井井有条地谈下去。谈完第五个问题，他发现离散会的时间不多了，于是他提高嗓门，一本正经地说：“第六，散会。”听众起初一愣，随即便欢快地鼓起掌来。

老舍在这里运用的就是一种“平地起波澜”的造势艺术，打破了正常的演讲内容，从而出乎听众的意料，收到了幽默的效果。

2. 省略

1985 年底，全国写作协会在深圳罗湖区举行年会。开幕式上，省、市各级有关领导论资排辈，逐一发言祝贺。轮到罗湖区党委书记发言时，开幕式已进行了很长时间。于是他这样说：“首先，我代表罗湖区委和区政府，对各位专家学者表示热烈的欢迎。”掌声过后，稍事停顿，他又响亮地说：“最后，我预祝大会圆满成功。我的话完了。”他以迅雷不及掩耳之势结束了讲话。

听众开始也是一愣，随后，即爆发出欢快的掌声。因为，从“首先”一下子跳到“最后”，中间省去了其次、第三、第四……这样的讲话，如天外来石，出人预料，达到了石破天惊的幽默效果，确实是风格独具，心裁别出。

3. 概括

某大学中文系一次毕业生茶话会，首先是系党总支书记讲话，三分钟的即兴讲话主要是向毕业生表示祝贺。然后是彭教授讲话，主题是希望同学们继续努力学习，还引用了列宁的名言。第三个讲话的潘教授朗诵了高尔基的《海燕》片段，以此勉励毕业生们学习海燕的精神。第四个讲话的系副主任希望同学们永远记住母校和老师们。紧接着，毕业生们欢迎王教授讲话。在毫无准备而又难以推辞的情况下，王教授站起来，先简单地回顾了数年来与同学们交往的几个难忘片段，然后一字一顿地说："前面几位给大家提出了殷切的希望，可我还是喜欢说他们说过的话。（笑声）第一，我要祝同学们胜利毕业！（笑声）第二，我希望同学们'学习、学习、再学习'。（笑声）第三，我希望同学们像海燕一样勇敢地搏击生活的风浪。（笑声、掌声）第四，我希望同学们不要忘记母校，不要忘记辛勤培育你们的老师们！"

在这里，王教授通过对前面四个人的讲话主题的简练概括，旧瓶装新酒，不落窠臼，结束了一次机智、风趣且具有个性特点的讲话。

二、借助道具产生幽默效果结束讲话

1. 对比

鲁迅先生在结束《在上海中华艺术大学的演讲》时说："以上是我近年来对于美术界观察所得几点意见。今天我带来一幅中国五千年文化的结晶，请大家欣赏欣赏。"说着，他一手伸进长袍，把一卷纸慢慢从衣襟上方伸出，打开一看，原来是一副病态丑陋的月份牌。顿时全场大笑。

鲁迅先生借助恰到好处的道具表演，与结束语形成鲜明的对比，极具幽默。不仅使演讲在欢快的气氛中结束，而且使听众在笑声中进一步品味先生讲话的深意。

2. 双关

在延安的一次演讲会上，当演讲快结束时，毛主席掏出一盒香烟，用手指在里面慢慢地摸，但掏了半天也不见掏出一支烟来，显然是抽光了。有关人员十分着急，因为毛主席烟瘾很大，于是有人立即动身去取烟。毛主席一边讲，一边继续摸着烟盒，好一会，他笑嘻嘻地掏出仅有的一支烟，夹在手指上举起来，对着大家说："最后一条！"

这个"最后一条"，毛主席的话是最后一个问题，又是最后一支烟，一语双关，妙趣横生，令全场大笑，听众们的一点疲劳和倦意也在笑声中一扫而光了。

讲话的幽默式结尾方法是不胜枚举的。关键是讲话者要具有幽默感，并能在讲话中恰如其分地把握住讲话的气氛和听众的心态，才能使讲话结束语收到"余音绕梁，三日不绝"的效果。

祝福式结尾

诚挚的祝福本身就充满了打动人心的力量，最容易拨动听众的情感之弦，使之产生共鸣。所以，讲话最后用祝福语作为结尾，可以使讲话气氛变得欢乐愉快、热情洋溢，使听众在愉快中增加自豪感和荣誉感，而对于送出祝福的讲话人当然也会心存好感，并因此认可你的讲话内容。如《在迎新茶话会上的演讲》的结尾：

最后，在春节即将到来之际，我借此机会向全市的父老兄弟、姐妹们拜个早年。祝老年人春节愉快、身体健康、寿比南山！祝中年人春节快乐、家庭幸福、事业成功！祝年轻人春节欢乐、爱情甜蜜、前程无量！祝大家年年幸福年年富，岁岁平安岁岁欢！谢谢大家！

人们一般都喜欢被赞美祝贺，因此，相互之间的赞颂成了人们交往的最好手段。通过这些赞颂的话，讲话氛围可以再次达到一个新高潮，讲者和听者的关系也会变得更融洽。但要注意演讲者在说这些赞颂的话时，不要过分地夸张和庸俗地捧场，否则听者就会认为你有哗众取宠之嫌。

最后，选用祝福式结尾还要注意：第一，发自内心，亲切动人。第二，注重场合，适度适情。第三，通俗易懂，简短明白。

总结式结尾

以总结归纳的方式结尾。这种结尾用极其精练的语言，对讲话内容和思想观点做一个高度概括性的总结，以起到突出中心、强化主题、首尾呼应、画龙点睛的作用。如讲话稿《永照华夏的太阳》的结尾：

我们是从哥白尼日心说中认识太阳的，我们又是从历史的迁徙中认识中国共产党的。八十年过去了，八十年斗转星移，日月变迁。太阳的辐射仍依托马列主义的热核放出它巨大的能量，从而去凝聚着属于它普照的民族和人民。月亮离不开地球，地球离不开太阳，人民离不开党。祖国的未来，中华的腾飞，需要中国共产党的领导，党就是永照华夏的太阳，也就是我们心中的太阳。

这个结尾高屋建瓴，总揽全篇，巧妙地从自然界的太阳到华夏儿女心中的太阳的对比中，总结归纳出了“地球离不开太阳，人民离不开党”的结论。字里行间流露出对太阳的希望与向往，对共产党的歌颂与赞扬。给听众留下了深刻的印象。

讲话者往往有种错误的想法，认为自己要讲的观点在自己脑海中如水晶般清楚，因此听众也会同样清楚。事实上并不尽然，讲话者对自己的观点已经思考过相当长的时间了，但对听众来说这些观点却是全新的。它们就好像一把丢向听众的弹珠，有的可能落在听众身上，但绝大部分则零乱地掉在地上。听众只能“记住一大堆事情，但没有一样能够记得很清楚”。所以有必要在讲话结束时总结一下观点。

下面是芝加哥的一名交通经理的讲话结尾。他在这方面做得比较成功。

各位，简而言之，根据我们在自己后院操作这套信号系统的经验，根据我们在东部、西部、北部使用这套机器的经验，它操作简单，效果很好，再加上在一年之内它阻止撞车事件发生而节省的财力，我怀着最急切和最坦荡的心情建议：在我们的南方分公司立即采用这套机器。

他的成功之处在哪里？ 那就是我们可以不必听到他讲话的其余部分，就可以看到并感觉到那些内容。 像这样的总结极为有效，不妨在实际运用中加以发挥。

回味无穷的结束语

演讲的结尾，可以说是整场演讲的“点睛之笔”，其重要性与难把握性不言而喻。 一种恰到好处的结尾方式，能使你的演讲完美“收官”，收到满意的效果。

这种结尾语尽而意不尽，意留在语外，留余味、泛余波，像撞钟一样余味袅袅，令人回味无穷。 回味无穷的结束语好像秋天瑰丽的晚霞一样，收得俊美漂亮，并且伴有“渔舟唱晚”的娓娓之声，让听众流连忘返，久久回味。 如演讲稿《人生的价值何在》的结尾：

> 我们的雷锋，在他短暂平凡的人生中，创造出了巨大的人生价值，给我们留下了无与伦比的精神财富，那么，亲爱的朋友们，在漫长而又短暂的人生之路上，我们将做些什么？创造些什么？留下些什么呢？

这个结尾采取对比和提问的手法，听后令人深思，发人深省，叫人不得不扪心自问，给听众留下了哲理性的思索和回味。

此外，还有一种方式，也可以在演讲结尾让人回味无穷，那就是在高潮处停止。这种结尾同样可以最大限度地调动起听众的内心感悟，让他们在无限回味中体会演讲的深意。在一次有关尼亚加拉大瀑布的演讲中，林肯是这么结尾的：

> 这使我们回忆起过去。当哥伦布首次发现这个大陆，当基督在十字架上受苦，当摩西领导以色列人通过红海，甚至当亚当首次自其造物者手中诞生时，那时候和现在一样，尼亚加拉瀑布早已在此地怒吼。已经绝种但其骨头塞满印第安土墩的巨人族，当年也曾以他们的眼睛凝视着尼亚加拉瀑布，正如我们今天一般。尼亚加拉瀑布与人类的远祖同期，但比第一位人类更久远。今天它仍和一万年以前一样声势浩大。早已死亡，而只有从骨头碎片才能证明它们曾经生存在这个世界上的史无前例的巨象，也曾经看过尼亚加拉瀑布。在这段漫长无比的时间里，这个瀑布从未静止过一分钟，从未干枯，从未冻上过，从未合眼，从未休息。

这段演讲结尾以回忆过往的形式，连用四个“当……”畅谈哥伦布、基督、摩西、亚当等的时代，彰显了尼亚加拉大瀑布的悠久历史，如滚滚春雷，气势不凡。最后，连着五个“从未……”在将演讲主题推向高潮的同时，突地戛然而止，但却余味未尽，给听众留下深刻的印象。可见，高潮处结尾是另一种形式的结束语，能使听众对演讲内容意犹未尽，反复回忆体味。

第十二章

控场技巧:将演讲的主动权掌握在自己手中

表达自己的技巧

仅有自信和对听众的了解是不够的，还要注意演说中的表达技巧。这里所说的表达技巧指表达方式和措辞方面的基本技巧。

表达方式不同，则效果迥异。如说“我很讨厌他”或“我不喜欢他”，就不如说“我对他的印象不怎么样”。对一个看来超过40岁的人，与其说“你还不太老”，倒不如说“你现在可正值壮年”。这样别人就会认为你是一个很会说话的人。

为什么会出现这种效果上的差异呢？其实原因很简单，说话人的态度是否谦恭，其问话是否合乎听者的心理，都会直接影响到说话的效果。因为任何人都希望得到别人的尊重和体谅。问话如果不尊重和体谅对方，自己就会自讨没趣。

在交谈中，措辞的精妙和恰当也是非常重要的一环。如果措辞词不达意，或者粗俗不堪，或者故弄玄虚，那么不管内容有多好，也不会取得良好的效果。要做到措辞简洁精妙，我们在谈话中应注意以下几个方面：

第一，尽量简洁明了。说话一般是越简洁越好。有些人在叙述一件事情时，本来只需一两句话就可说明，但他拉拉杂杂说了很多，却仍没有把意思表达出来。听者云里雾里，费了很多的心思，也不知道他要说什么。矫正的最好办法是在说话之前，先打好腹稿，尽量用最简洁、最少的字把要讲的话表达出来。

第二，不要滥用重叠。 在汉语里，有时的确要用重复来强调你所要表达的内容。 但是，如果滥用叠词叠句，就会显得累赘。如，许多人在疑惑不解的时候常常会说：“为什么为什么？”其实，一个“为什么”就足以表达你的疑惑之情。 还有的人在答应别人一件事情的时候，常常说：“好好好。”其实，说上一个“好”字就足够了。 如果你有这个毛病，也得改一下。

第三，同样的言辞不可用得太频繁。 一般地说，听者总希望说者的语言丰富多彩。 我们虽不必像名人那样，字字珠玑，妙语连篇，句句都是深刻精辟的道理，闪耀着哲理的光辉；但也应该在许可的范围内尽量使表述语言多样化，不要把一个词用得太频繁。 即使是一个非常新奇的词，如果你在几分钟之内就把它复述了好几次或十几次，那么人们对它的新奇感就会丧失，并对它产生一种厌恶感，进而拒绝接受你的演讲。

第四，要避免口头禅，有些人在交谈中常常不由自主地使用口头禅。 诸如“我觉得”“我以为”“俨然”“绝对”“没问题”等，这类口头禅说多了，不仅影响内容的表达，而且还给人一种傲慢、以自我为中心、逻辑不严密的印象。 因此，这类口头禅应尽自己最大努力去克服。

第五，要避免使用粗俗的词。 常言道：“言语是个人素质、修养的衣冠。”一个相貌堂堂，看上去颇为不错的人，如果出口成“脏”，那么别人对他的好感就会消失殆尽。 其实，这些人中的相当一部分并非学问、本质不好，只是在追求语言的新奇和俏皮的过程中染上了这种难以更改的坏习惯。 试想一想，在一个初次交往的人前，你若说了句粗俗的话，他就会认为你是一个粗俗不堪、没有修养、不可交往的人。

第六，不要滥用术语。 如果听众不是专业人员，你却大量使用专业术语，给人一种故弄玄虚的感觉。诸如满口“一元论”“二元论”“沙文主义”等术语，不熟悉的人会感到厌倦，而熟悉的人则会认为你卖弄学识，非常浅薄。

旁征博引的技巧

所谓“援例”就是通常所说的“用例”或“举例”，以事实证明自己的观点。

有经验的演说者在演说时经常举例。这是因为举例既可有效地说明问题，又能使演说内容充实，形式活泼。即常言说的“事实胜于雄辩”。演讲中用例一般应注意以下技巧：

1. 贴切

演讲中举例，是为了达到“证明问题、阐述观点”的目的，因此，举例一定要贴切。举例说明不贴切是在实际演讲中最容易犯的毛病。不贴切的情况一般有三种。

一种是“风马牛不相及”，即例子与要说明的问题毫不相干。例如：想说明女人不应该过分讲究衣着打扮，而举的例子却是“天然游泳场中，女人不用穿衣服。古罗马竞技场上女人也是一样赤裸着身体参加比赛”。这里所说的女人在游泳中裸体与在竞技场中裸体，只是当地当时特有的习俗，一种独特的风尚，与妇女不必讲究衣着打扮没有必然的联系。这样的援例如何能为你的观点服务呢?

不贴切的第二种表现形式是“以己之矛攻己之盾”，即所举的例子与想要说明的问题自相矛盾。例如，要说明苏联的社会主义比波兰的修正主义好，例证却是波兰在修正主义统治下，民不聊生，猪肉和食糖配给制“市民每人每周只准买两磅食糖和两公斤猪肉”。而当时，苏联已实行了定量供应，一个月供应一斤半猪肉和半斤食糖！这个例子，似乎并不是在说波兰修正主义不好，而是对苏联社会主义的嘲讽。

不贴切的第三种表现形式是“若即若离，似是而非”。即所举例子缺乏针对性。例如，要说明做学问应当讲究恰当的方法，以苦干加巧干达到事半功倍的效果，然而举出的却都是“出大力流大汗”的例子，体现不出“巧”在哪里。想说明“贵在坚持”，可举的却是“在困难的时候要有清醒的头脑”的例子体现不出坚持的重要。这表明演讲人逻辑不够严密，演讲也就失去了其魅力，达不到理想的效果。

2. 新颖

有些事例，本来很好，但你用过来，我用过去，听众听来也就乏味了，觉得你的演讲也不过如此。有人一讲“潜心钻研”就举居里夫人在实验室的事；讲顽强拼搏，就举海伦·凯勒；讲贵在坚持，就举马克思把大英图书馆的地板磨出一道沟。似乎大千世界就这么几个例子可举。举办谈“信仰”的演讲会，居然有十个人争着引用布鲁诺的故事，十次高声演讲“火并不能把我征服，未来的世纪会了解我、知道我的价值的！”有听众马上嘲讽：“演讲者的心肠也太狠了，罗马教皇也不过烧死了一个布鲁诺，而演讲者们一个晚上就烧了十次！”这种“炒剩饭”式的举例，恰好暴露出了演讲者的弱点：知识贫乏，思维迟钝。其实，只要真正留心，现实中和历史中生动感人的事例何止千万。

3. 典型

典型事例与一般事例不同。一般也能说明问题，但毕竟“一般”不可能最有说服力，更不会引起强烈反响，留下深刻的印象。而典型事例则是最生动、最有说服力的。事例一出口，道理就昭然若揭。这种事例，源于生活，能深刻反映生活本质和深层的生活哲理。但这种事例往往被一些貌似平凡的表面现象所掩盖，非潜心发掘不可。

4. 具体

举例是为了证明观点，要想观点明确，就必须使例子生动、形象，具有说服力。如在讲“学习专心认真”这个道理时，你就不能举这样的例子：某某同学学习不专心，所以没考上高中；后来，学习专心了，所以获得了成功，成了引人注目的人物。你也许的确知道这位同学后来是怎样专心致志的，但听众不知道，而这正是他们想知道的。所以应该这样说：赵小兰平时学习不专心，老师在上面讲课，她在下面看小人书；老师要大家练习，她没写几笔就叠纸人去了，所以成绩不好，连高中也没考上。这时她爸爸责备了她，同学们讥笑她，她心中难过极了，一个人不知偷偷哭了多少场。后来一个偶然的机会，她参加了市业余无线电俱乐部，学习收发报。这回她接受教训了，别人将收发报当作业余爱好，她却全身心投入，上课时专心听讲，课后反复练习，她一边走路一边动指头地练按键。一边吃饭，也一边练。有时睡梦中，还在练。她完全生活在“嘀嘀嗒嗒”的世界里，简直入了迷。一次祖母要她擀面条，做这工作时要两手一起用，没法练习按键了，可是等祖母来拿面条时，发现桌上只有面片，面片上全是坑坑洞洞，像蜂窝一样，原来孙女又在刚擀好的面片上练起来了。后来赵小兰终于取得了市级比赛第二名。

这种举例，不但有概括的叙述，而且有细节的描写，这些细节具体、生动，既能传神地刻画人物，又能有力地证明“专心致志”与“取得成绩”的关系，于是给听众留下了比较深刻的印象。因此，在演讲举例时，不仅要典型，而且要具体生动。要想具体生动，必须有一定的典型细节描绘。

5. 有趣

演讲，是为了影响人。首先必须吸引人，才能影响人。教学要讲究“寓教于乐”，也有人说过：“兴趣是最好的老师。”这样既营造了一个轻松愉快的氛围，又是听众感兴趣的事。这样就很容易让人接受你的观点。剧作理论上也有这样一个法则：一折戏从头到尾都要有趣。演讲要达到最佳效果，也可根据上述道理，借鉴戏剧的经验，做到有趣。如果没有趣味，听众就会感到乏味，你演讲的方法再好，也无法对听众产生影响。让演讲有趣，举有趣的事例是必不可少的。所以，举例时，应尽量选择有趣的典型事例。只有这样，你才能在实际演讲操作中，吸引听众并对他们产生影响，让他们从心底里接受你的观点。总之以上几个方面的内容构成了演讲基本技巧的要素，对于初次进行口才训练的演讲者来说，掌握它的基本技巧是相当重要的，因为在这个过程中需要克服的障碍很多，如果不能抓住关键则势必会影响演讲的效果。

身体语言的技巧

身体语言是使演讲效果更好的一种演讲技巧。 在深入讨论这一问题之前，必须先弄清楚什么是身体语言。

所谓身体语言是通过人体器官的动作或改变某一部分身体形态来进行情感思想交流的一种符号序列。 通俗地说，身体语言是利用身体动作来传递信息从而达到交际手段的。 由于身体语言主要由身体形态的变化来表达，因此又有人将其叫作态势语言。

身体语言在人类文明历史发展进程中的地位和作用虽然不及有声语言，但是，身体语言所表达的意义却比有声语言更丰富、更真实。 有声语言所表达的各类信息，大多经过了人的理性思考和总结加工，因而大多蕴含着人的意识中更深层次的东西。 而以传递人的情绪和欲望为主的身体语言，在大多数情况下是一种无意识的自然动作，它来源于人先天的动物本能和遗传形态，同时也受一定文化习俗的后天熏陶。

学习研究身体语言，至少具有以下几方面的重要意义：

学习各种符合社会规范的身体语言，使个人的身体语言社会化。 每个人在婴幼儿时期就开始运用身体语言。 最初运用的身体语言具有先天遗传的性质，仅仅表达人的基本感情和原始表情，如喜怒哀乐、饥渴痛痒等。 随着年龄的增长，身体语言的学习范围扩大到后天习得的某些社会规范化的类型，如礼貌动作、卫生习惯等。 有意识地学习身体语言，将促进个人身体语言的社会化，帮助我们获得社会的认同。

了解他人的内心世界，领会对方表达的深层次心理信息。身体语言比有声语言更能真实地流露出人的情感和欲望。因此，首先在医学、文艺、公安等领域，掀起了研究身体语言及其丰富含义的热潮。接着，语言学、传播学、美学，特别是各类管理学科，也相继开始关注身体语言而且越来越广泛地对此进行了研究与应用，从而更深入地了解了人的心理和生理，并且更有效地促进了本学科在各个领域中的广泛应用。

帮助人们有意识地运用身体语言，使个人的事业获得成功。绝大多数身体语言是可以通过学习掌握并加以控制的。一旦学习和掌握了身体语言丰富的内容与各种形式，就能帮助人们从无意识到有意识，从家庭小范围到社会大环境，把握自己的身体语言，让它更有效地为个人生活、工作服务，从而取得成功。在演讲时，身体语言技巧的运用，会直接影响演讲的效果。自然、适度、灵活、优雅是对演讲身体语言的基本要求。在演讲中，身体语言有两种：站姿和坐姿。站姿比坐姿更具有表现力，而坐姿则要把听众的目光吸引到胸部以上，训练起来难度要更大些。

1. 头部语言的运用

如果不是表达的需要，演讲者的头部就一定要避免往一侧偏，也不要抬得过高或垂得过低。因为面对听众时，演讲者在众目睽睽之下会感受到一种“视线压力”，变得怯场。但是，演讲者是不能无视听众视线的。调整怯场心理的办法有两种：一是运用“回避目光法”；二是把自己的视线投向听众中频频点头的人，从而增强演讲的信心。大胆地将视线对准听众，你与听众之间才会营造出一种亲切交流的氛围。

“眼睛是心灵的窗户”说的是人的紧张、疲劳、喜悦、焦虑等各种情绪都会通过眼神表现出来。而复杂的面部表情会让听众留下极其深刻的记忆。如果表情单调、呆板，那么你的演讲也就毫无说服力可言。而且演讲时，表情切忌做作，初学演讲的朋友则要注意避免那些表示羞涩、胆怯或掩饰口误的消极表情。

当演讲内容变化时，头部也应该随之变化以辅助表达不同的情感。当表示希望、请求、祝愿和思索时，你可以把头部微微抬高，同时视线也随着上升；当表示羞怯、谦虚、内疚和沉痛时，你则要稍稍低头，视线下垂；演讲时，你的头部向前，表达的是同情和倾听，你的头部偏向侧方，则表现的是高傲和自信，等等。请记住，一定要根据内容来确定头部的不同状态。

此外，头部的运动也不能太频繁，幅度也不宜太大，而是要自然。自然的头部运动要伴随着颈部、背部和腰部的运动，并且要互相和谐一致。如鞠躬敬礼时，低头应配合弯腰，但不要让听众看到你的头顶。

2. 手势语言的运用

职业演说家通常都要训练自己的手势语言，而非职业演讲者在设计演讲时的身体语言时，考虑得最多的往往也是手。由此可见，手势语言在演讲中的地位是不容忽视的。在演讲中，不同的手势表达不同的情感与意愿。

手心向上常常表示风趣、幽默或坦诚、直率、奉献、许诺等。例如当讲到“从这里，我们又将踏上新的征途，去收获另一个金秋”这类演讲词时，你可以单手手心向上，从胸前缓缓向前方偏上的角度伸出；当说到“此刻，让我们伴随欢快的音乐，跳舞吧！”你也可以两手手心向上，从胸前往前平伸，左右适度地分开。手心向下一般表示否定、抵制、反对、抑制或消失、宁静等。如当讲到“仁慈的人大声疾呼：‘和平！和平！’但是没有和平”的时候，你的手势语可以设计为两手手心向下，手掌有力而均衡地向两边划开，但肘部的动作幅度不能太大；当讲到“月光洒落在静静的小溪和树林上”这类演讲词时，你的手势语可以是单手手心向下，往前伸，然后从内向外缓缓移动，表现出月夜山野的宁静。

两手分开往往表示分离、消极的意义，可用在演讲词中表达悲伤、消极。如“从此，我们彼此将远隔天涯，在人生旅途上苦苦跋涉”等。

手心向外的竖势姿势总是表示对抗、分隔、矛盾或反对等。例如当讲到“我们从来不吃这一套”时，你可以一只手手心向外或成竖立状，用力向前推出。

握紧拳头表示团结、挑战、信心、警告等。例如，当讲到“我们将用行动向你们证明，我们是好样儿的”这类具有挑战、自信的演讲词时，你可以一只手握拳，拳心向内，有力地在胸前轻微振动。

在演讲时，你还可用双手高举、手掌摊开、掌心面对听众的手势语言来表达自己对听众的谢意。

当然，手势语言的表意非常丰富，在此无法一一列举说明。但对手势语言的基本要求是不变的，那就是：尽量简明凝练，不要多次重复而使演讲失去吸引力，不要喧宾夺主，从而削弱了有声语言的主体地位。

初学演讲者，大多不知双手该往哪儿放合适，那是因为害怕面对众多的听众所造成的。这时，你不妨在演讲开始时，以下列方式来处理两手的位置：一是把两只手轻松自如地垂放在身体两侧，稍有先后之分；一是可以用一只手握住演讲稿或者书本，或者麦克风等物品，这样有助于消除你的紧张，使你的手会放得更自然；三是当你的前面有讲台时，你可以把手轻轻地放在讲台上。其实，当你投入地去演讲时，手就不会不自然了。

初学演讲者的手大多会无意识地做出一些多余的或不雅观的动作，比如挖鼻子、捂嘴巴、摆弄钥匙、抚弄纽扣等，这些都是成功的演讲手势语言所不应该出现的。

3. 身躯语言的运用

在演讲过程中，身躯在大多数情况下是面向听众的。但也不是一成不变的，根据演讲内容的需要，你也可以侧身或后转身，但一定要整个身躯自然协调地运动，而且时间不宜过长。更不要只扭头而不转身，像个木偶。

如果你是站着演讲，不要将身躯倚在墙壁或讲台上。如果你坐着演讲，请不要左右扭动身体，也不要把全身紧靠在讲台上。这些姿势会让人觉得你软弱无力，无修养。

4. 腿、脚语言的运用

在演讲中，站立姿势以你自己感到自然、舒适为最佳。一般说来，最舒适得体的姿势是：两脚叉开站立成 45 度角，类似稍息的样子，但身体重心不变。在演讲过程中，你可以稍作走动，或者换换脚，但应进行得自然。运用手势语言时，一般要遵循“步行原则”，即手与脚不能同向，做左手手势时，右脚应在前，而做右手手势时，左脚应在前，这样才会有种平衡感。

采用坐姿演讲时，一般来说都有讲台遮住身体的下半部分，因此你就不需要再为腿和脚的姿势多费心思了。设计腿、脚的动作，应注意避免这几种失误：频繁地走动；一只脚站立时，另一只脚脚尖踮地或不停地屈膝抖动；两脚交叉；把腿压在椅子边上；等等。

以上谈到的仅仅是演讲时身体语言的一些一般性原则。初学演讲者主要应注意防止消极的破坏性的身体语言的出现，而不必一开始就刻意去追求一举手一投足都要完善和优雅。当演讲成为自己的本能习惯时，你就可以形成自己的身体语言风格，在演讲中展示真正的自我了。

演讲中的语言技巧

与用语言进行交流的任何方式一样，演讲同样需要遵循语言的一般规律。如合乎语法、讲究修辞等。但由于演讲者是在公众场合与众多听众进行面对面的直接交流，因此演讲更讲究视听结合的效果、情感参与的作用和临场应变的能力。

一、形象、个性、口语

使听众的视觉愉悦，那么你的观点就更容易让听众接受。为了使演讲效果更好，演讲者除了应注意自己的外在形象和手势语言外，更应注意的是，演讲者要善于将抽象的哲理物化为活动的景象，让空洞的说教转化为鲜明的画面。

演讲要做到形象化，运用比喻和打比方是最有效的手段。如蔡顺华的题为《小狗也要大声叫》的演讲：

各位朋友，到这个讲坛演讲的，应该是曲啸、李燕杰、

邵守义那样的大人物。我这个嘴上无毛的青年人站在这里，很不般配哟。(停顿，提高声调)

不过，我很欣赏契诃夫的一句名言："世界上有大狗也有小狗，小狗不应因为大狗的存在而慌乱不安，所有的狗都要叫！"小狗也要大声叫——就按上帝给的嗓门叫好了！今天，我这个自信的"小狗"，就来大胆地叫几声。

这新颖滑稽的开场白引起观众注意后，蔡顺华简单阐释了契诃夫比喻的本意，又很快从"小狗叫"引入了正题：

试想，一个单位、一个部门、一个地区乃至一个国家，倘若只充斥着极少数名家、权威和当权者的声音，虽不算"万马齐喑"，但群众，尤其是最富有创造力的年轻人的智慧和声音被压抑了，哪里会有真正的"九州生气"?

蔡顺华的演讲结尾更是围绕着"小狗叫"做了如下结论：

那些腹有经纶但阴柔有余、阳刚不足的奶油小生是不敢"叫"的；那些虽"嘴上无毛"但已深谙"出头椽子先烂"等世俗哲学的平庸之辈也是不敢"叫"的。响亮而优美的"叫声"，往往发自那些有胆识的开拓者与弄潮儿。如果我国的每一位"小狗"都发出了自己的"叫声"，那么地球也会颤抖的！

蔡顺华的演讲，通篇利用了"小狗叫"这生动、新奇又幽默的比喻贯串始终，使听众在轻松的气氛中接受了一个普通而又严肃的话题，使演讲通俗形象，道理深入浅出，还可选用生活中的实例来证明论点。

某些演讲需要运用数据说明问题，但仅仅把一连串枯燥的数据抛向听众，就会影响现场活跃的气氛。

要想不理会充满形象的演讲，就好像要求歌迷对自己心中的偶像在舞台上精彩的表演不能喝彩。法国哲学家艾兰曾说：“抽象的风格总是差的，在你的句子里应该充满了石头、金属、椅子、桌子、动物、男人和女人。”这就道明了应选用形象化的语言。

世界上没有个性完全相同的两个人，就如世界上没有完全相同的两片树叶一样。演讲者曾力求演讲出自己的风格，创造出独特的“讲”。每个演说家都有自己的风格。如鲁迅先生是分析透彻、外冷内热、富于哲理的演讲风格；郭沫若先生是热情洋溢、奔放跌宕、文辞富丽的演讲风格。这就是继形象化后的又一演讲技巧——个性化。

演讲的个性与演讲者自己的个性密切相关。每个人的个性形成与人的性别、年龄、生活环境、生活经历、文化修养、气质、职业等因素有关。如一位女药剂师在第一次品尝啤酒时，脱口而出：“哎哟，就像喝颠茄合剂一样！”女药剂师的职业敏感使她把啤酒和颠茄合剂联系在一起，而不像一般人把啤酒比喻为潲水。

当演讲者的个性与演讲词的风格不一致时，演讲者的演讲是很难动情的，也很难感染人。演讲者文化层次很低，大谈一些极其深奥的哲理，只能是囫囵吞枣地背诵，而即使背诵出来也只显得极其牵强；平时很严肃的演讲者，生硬地念充满幽默情趣的演讲稿，总会显得不伦不类。与其这样，不如用符合自己气质、个性的语言进行演讲。

演讲风格的个性化还体现为演讲中所涉及人物的个性。对于演讲中涉及的人物个性不应是一种平白的交代，而要通过生动刻画、语言模拟等手法充分展现。

某些演讲，即使对其立意和材料挑不出毛病，而且从某种意义上来说，还是绝妙好词，但就是不能给观众留下深刻的印象。原因何在呢？其根本就在于演讲者没有把握住演讲词的风格，或者演讲者的个性与演讲词的风格迥异。演讲并不是任何人拿着演讲稿上台照念一遍就行了，还要注意其鲜明的个性，适当采用语言模拟、神态模仿等手段。

在演讲中，不仅要注意语言的形象化、个性化，还要注意演讲语言通俗易懂。若要使每一句话都深入人心，就必须讲求语言的口语化。听众是否清晰地接受了演讲者的话是演讲是否成功的先决条件。

演讲语言不同于书面语言，听众在现场中不可能有余暇去理解某些生僻的词语和隐晦的意思，更不可能像阅读文章那样进行多次的反复领会。口头语言的接受特点就决定了演讲语言的特点既要清楚明白、生动形象，同时又具有较强的感染力。

文化层次较高的演讲初学者，往往容易写成很书面化的演讲词。如以下的两段演讲词摘录：

1.《阳光是一种语言》

早晨，阳光以一种最透彻、最明亮的语言与树木攀谈。绿色的叶子立即兴奋得颤抖，通体透亮，像是一页页黄金锻打的箔片，炫耀在枝头。阳光与草地上的鲜花对语，鲜花便立刻昂起头来，那些蜷缩在一起的忧郁的花瓣，也迅速伸展开来，像一个个恭听教诲的学子。

我们的学校便是阳光的象征，它是一座充满生机与活力的“阳光大厦”，而我们则是等待着阳光笑容与照耀的鲜花，一群朝气蓬勃的阳光学子。

然而有时明朗的日子，我们不会留意阳光；普照的阳光，有时像是对大众演讲的演说家，我们不理解，这正如学校安排的每一次计划，我们不能全部理解；学校对双休日时间做出的合理调整，有些同学不理解一样。面对阳光的语言，我们仿佛充满了疑惑与不解。

但这次是我们错了。殊不知，阳光动听的声音，却是响在暗夜之后的日出，严寒后的春天及黑夜到来前的黄昏。这些时候阳光都会以动情的语言向你诉说重逢的喜悦，友情的温暖和那因多少失败的磨炼后收获的成功。阳光一直在无微不至地关怀着每一朵鲜花，每一棵小草，争取以自己最明亮、灿烂的笑容面对这可爱的生灵。

2.《母爱无边》

春天已经悄悄地来到我们身边，春风轻轻地吹红了花，春雨也静静地润绿了叶，朝气蓬勃的我们正像那红花绿叶一样鲜活一样有生命力，而又有谁曾想到过是谁做了那春风春雨默默地滋润着我们呢？

阅读了这两段演讲词后，可以感觉到演讲者确实煞费苦心。《阳光是一种语言》侧重于宣泄内心的情感体验；《母爱无边》则努力追求感情。但是，这两段演讲词的演讲效果都不好：听众都会因迷失在众多的长句和深刻的思辨之中去而无暇接受演讲者的观点。抛开其他方面的缺陷不说，这两段演讲词书卷味很浓，更适合看而不适合听。

对于初学演讲者来说一定要掌握书面语和口语的分寸。如果不是为了特别的修辞需要，写演讲词时，须遵循以下几条建议：

第一，尽量使用短句，少用长句，以保持语意之间足够的停顿。

第二，尽量使用清晰明快、言简意赅的语词，少用生僻、晦涩的古词或专业性强的术语。毛泽东的《矛盾论》就是简明的例子：

> 为什么鸡蛋能够转化为鸡子，而石头不能转化为鸡子呢？为什么战争与和平有同一性而战争与石头没有同一性呢？为什么人能生人不能生出其他的东西呢？没有别的，就是因为矛盾的同一性要在一定的必要条件之下。缺乏一定的必要条件，就没有任何的同一性。

毛泽东选用了最通俗易懂的词语，使深奥的哲学问题变得简单明了。

“体面”与“堂皇”、“驼背”与“佝偻”、“寒冷”与“凛冽”等几组近义词或同义词，每组的后一个词语更书面化，能体现使用者的文化素养，但在一般情形的演讲中，使用后一个则不如前一个。而你若面对的是文化素质极高的听众，那使用后一个的效果可能会更好些。因此演讲语言的使用原则必须根据具体情况而定。

要使演讲语言达到一个完整的统一体，就必须同时具备形象化、个性化、口语化三个条件，因为它们彼此之间存在着必然的联系而不是静止孤立的。任何一个演讲者如果考虑到了这三个因素的重要性，并运用到演讲中，那他就具备了成为一个成功的演说家的先决条件。因此，对于初学者来讲，切不可想当然而为之，要把理论的学习和实践结合起来才能达到演讲成功的彼岸。

二、幽默、迂回、悬念

在《演讲入门》中约翰·哈斯灵写道："幽默是演讲者与听众建立友好关系的最有效的手段之一。当你讲得听众眉开眼笑的时候，他们也就主动地参与了思想交流的过程。"哈斯灵总结了幽默在演讲中的作用：建立友好关系和促进思想交流。幽默的运用很讲究技巧与方法，下面简单介绍几种构成幽默的方法：

1. 故意夸张法

丰富的想象可表现为夸张，夸张就是扩大或缩小事物的形象、特征、作用，以强化语言的表现力，可构成幽默。

美国总统里根在竞选演讲中曾这样抨击物价上涨：

> 夫人们，你们都知道，最近，当你们站在超级市场卖芦笋的柜台前，你们就会感到，吃钞票比吃芦笋还便宜一些。
>
> 你们还记得当初你们曾经认为没有什么东西可以代替美元吗？而今天美元却真的几乎代替不了什么东西了！

里根通过对美元贬值的夸张，激起选民们对物价上涨的强烈不满，对当政者的不满，从而达到选民们支持他的目的。

2. 去"包袱"法

中国相声常用"设包袱""抖包袱"来构成幽默。演讲可以借鉴相声“丢包袱”这一表演手段，通过风趣的解答构成幽默。

3. 移花接木

当甲乙环境互换和甲乙词语互换时，都有令人捧腹的幽默效果。在《论男子汉》的演讲中，演讲者就大量运用了“大词小用”（移花接木）幽默法：

> 我选择了这样一个演讲题目《论男子汉》。（掌声）掌声证明了，这是一个真正时髦的问题。（掌声、笑声）广大的女同胞和男同胞，都在积极地做这一时髦的促进派，呼声渐高，浪头一天比一天大，标准一天比一天高，要求一天比一天严，大有让所有的男性公民脱胎换骨、重新做人之势。著名演员刘晓庆说：“做女人难，做一个名女人尤其难。”我说，做男人难，做一个男子汉尤其难也。（笑声、掌声）……而要成为一个男子汉，最能立竿见影的，大概就是所谓的物理方法了：穿一双中跟鞋，增加些“海拔高度”；（笑声）留一撮小胡子，显出些粗犷；着一条牛仔裤，添几分潇洒……

“脱胎换骨、重新做人”“所谓的物理方法”“海拔高度”等词语，大大增强了演讲的幽默效果，为演讲掀起了一个又一个的高潮。

4. 如实陈述

对生活中的可笑之事，照原样讲述，就能达到幽默效果。

有一位著名演讲家在一次演讲中，就运用了如实陈述的幽默法：

一个机关请我去讲一讲机关的常用文，即怎样写总结、简报、调查报告等。上课时，我就当众读了一些文章中的病句……其中有个表扬老师傅的："某某从苦水中长大，对党一直十分热爱，长期的耿耿于怀。"再一个："某某同志逝世了，我们全厂同志化悲痛为力量，真叫作穿着孝衣拜天地，悲喜交加。"……

这样的如实陈述，使听众席上的气氛极为活跃，于是演讲也就不难成功了。在幽默技巧的运用中，要注意，材料和语言不能庸俗、低级；幽默要紧扣主题，分量适当，切莫喧宾夺主。

当然在演讲中通过幽默与听众建立友好关系和促进思想交流的方法远不止以上四个方面，一个成功的演讲家往往能即兴通过幽默调动听众的思想感情，而且做得恰到好处。读者必须明确真正的幽默是来源于广博的知识和敏锐的洞察力，而并非哗众取宠。

有时演讲者并不直接阐明演讲主题而是以说反话、先贬后褒等手法，迂回达到演讲主题，这就是所谓的迂回法。这种手法往往能达到"山重水复疑无路，柳暗花明又一村"的演讲效果。

5. 悬念法

所谓悬念法就是指在演讲过程中提出一个听众极为关心的问题后，并不解答，听众又急于想知道问题的答案，从而调动听众的兴趣，让听众参与到演讲中去。设置悬念是一种有效的演讲方法。某大学举办写作知识讲座，老师在讲到细节描写时，首先设置了一个悬念：“请问同学们，男生和女生回到宿舍时，摸钥匙开门的动作有什么不一样呢？”听讲的学生立即活跃起来，有的小声议论，有的抢着回答，有的干脆模拟自己回宿舍找钥匙的动作。主讲教师接着说：“据我观察，大多数的女生在上楼梯时，手就在书包里摸摸索索，走到宿舍门口，凭感觉捏住一大串钥匙中的那一片钥匙，往锁孔里一塞，门就打开了。而大多数的男生呢？他们匆匆忙忙地跑到宿舍门口，‘砰’的一脚或一掌，门不开，于是想起找钥匙，把钥匙片往锁孔里一塞，打不开，原来钥匙片又摸错了。”

这一番描述，引起了同学们会意的笑声。教师于是又总结道：“把男女生回宿舍摸钥匙开门的动作描述出来就是一处细节描写，而细节描写的生动又来源于对生活的细致观察。”这位教师先巧设悬念，让学生积极参与到这个讲课的过程，然后再利用解答悬念抛出知识点，取得了很好的教学效果。

1918 年 11 月，在第一次世界大战结束后，李大钊先生在北京学生的集会上，发表了著名的演讲《庶民的胜利》：

> 我们这几天庆祝胜利，实在是热闹得很，可是胜利的究竟是哪一个？我们庆祝，究竟是为哪个庆祝？我老老实实讲一句话，这回取胜的，不是联合国的武力，是世界人类的新精神，不是哪一国的军阀或资本家的政府，而是全世界的庶民。我们庆祝，不是为哪一国或哪一国的部分人庆祝，是为全世界的庶民庆祝，不是为打败德国人庆祝，而是为打败世界的军阀主义庆祝。

李大钊先生利用悬念引起听众的深思，然后再深刻地揭示这场战争胜利的伟大意义。这比枯燥的说教更能震撼观众。

三、称谓、节奏、简练

1. 称谓

“你、你们、我、我们”是最常用的称谓，在演讲中，这些称谓运用得是否得体对演讲的成功有着较为重要的影响。若将“你”与“你们”使用得当，就能集中听众的注意力，因为它时刻提醒着听众去维持一种“我是参与者”的心理状态，因此有利于拉近演讲者与听众的距离，进而使演讲获得成功的概率更高。例如一篇题为《硫酸与我们的日常生活密切相关》的演讲：

> 如果没有了硫酸，汽车将无法行驶，你必须像古代人那样骑马或驾驶马车，因为在提炼汽油时，必须使用硫酸。在你还没有和你的毛巾打交道之前，毛巾就已经和硫酸打过交道了，你的刮胡子刀片也必须浸在硫酸中处理……

但如果“你、你们”使用得不恰当，又可能造成彼此之间的心理鸿沟。例如，在一次学术讨论会上，一位语言学家做了这样的开场白：“刚才几位同志的报告都很好，如果把你们的讲稿没收，你们还能不能讲得这样好呢？”“你们”一词拉开了这个语言学家与其他人的心理距离，有一种居高临下的语气，于是，激怒了其他的语言学家，他们私下议论：“把我们的讲稿没收，我们都讲不好？怎么，把你的讲稿没收，你就能讲好啦，你也太狂了吧！”

其实只要将开场白中的“你们”换成“我们”就行了。

据心理学家统计，精神病患者是使用“我”的频率最高的人。演讲者如果频繁使用“我”，听众会感觉你是个以自我为中心的人，那么你的演讲就不会受欢迎。此外，在演讲中，特别是学术讨论中，如果需要谦虚地表述个人的新观点时，就可以使用“我们”，听众会因你的谦虚而乐意接受你的观点。

2. 节奏

演讲抑扬顿挫是节奏的主要体现。如果没有节奏变化，听众就会昏昏欲睡。著名演讲理论家费登和汤姆森曾说：“关于演讲速度，所应遵守的主要原则，就是随时注意变化。”

演讲中需要慢的地方有：重要的事情、数据、人名、地名、极为严肃的事情、悲伤的感情，等等。演讲中需要快的地方有：人人皆知的事情、精彩的故事进入高潮时、表达欢快的情感，等等。

停顿（沉默）是控制节奏、吸引听众注意力、调节现场气氛的一种重要方法。俗语道“沉默是金”，便是强调了沉默在某些场合的重要性。以下是几个沉默的实例。

美国前总统林肯是一个很善于运用沉默技巧的著名演讲家。当林肯说到某项要点时，会倾身向前，有时直接注视听众达一分钟之久。这种沉默比大声疾呼更有力量。采用这一手段，听众的注意力被高度集中起来了。爱因斯坦应邀到日本某大学访问，不善言辞的校长竟然在欢迎仪式上紧张得忘了欢迎词。他沉默了很久，才讲出一句话：“爱因斯坦博士万岁！”全体集会者在焦急的等待之中，校长那异乎寻常而又发自肺腑的呼喊把大家感动得热烈鼓掌。爱因斯坦更是热泪盈眶，与校长紧紧拥抱在一起。教师对沉默的作用体会最深。一次上语法课，同学们在下面讲，老师在上面讲。老师一再提醒同学不要讲话，但没有作用，最后老师笑着说：“我尽量与同学们配合默契。同学们说话的时候，我就不说了；同学们不说了，我再接着说。”同学们在哄堂大笑中也意识到了自己的不礼貌。此后，课堂上讲话的人明显减少。

3. 简练

马克·吐温针对“演讲是长篇大论好呢？还是短小精练好？”这个问题讲了一个故事：

> 有一个礼拜天，我到礼拜堂去，适逢一位传教士在那里用哀怜的语言讲述非洲传教士的苦难生活。当他说了5分钟后，我马上决定对此事捐助50元；当他接着讲了10分钟后，我决定把捐助的数目减少5元；当他继续滔滔不绝讲了半小时后，我又在心里减到35元；当他再讲了一个小时，拿起钵子向听众哀求捐助并从我面前走过的时候，我却从钵子里偷走了两元钱。

马克·吐温形象地回答了演讲需要简练。演讲语言提倡口语化和通俗化，但并不是纵容语言的冗长和啰唆。冗长和啰唆既影响表达效果，又会使听众生厌。演讲语言的冗长和啰唆主要是以下原因造成的：

重复论证。如1933年，美国参议员爱兰德尔，为了反对通过“私刑拷打黑人的案件归联邦州立法院审判”的法案，在参议院发表了长达5天的马拉松演讲。有记者统计：爱兰德尔在讲台前踱步75公里、做手势1万个、吃夹肉面包300只、喝饮料46升。但他这次演讲并未达到他预期的效果，原因在于他用了琐碎的事例重复论证。

废话过多。有些演讲者在演讲时东拉一句，西扯一句，抓不住要点，思维混乱，逻辑不严密。其演讲只不过是废话的大集合，还有什么魅力可言呢？

打官腔。有些身居要职的官员，喜欢说套话。在演讲中，貌似流畅、得体，实则空洞无物，令人生厌。有人曾入木三分地总结了这类官场语言：同志们，对于我们的工作，我们应该肯定该肯定的东西和否定该否定的东西。我们不能够只知道肯定应该肯定的，却不知去否定应该否定的；也不能只知道去否定应该否定的，却忘了去肯定应该肯定的；更不能去肯定应该否定的，而否定应该肯定的。

反复客套。反复地客套如“我水平有限，肯定有讲错了的地方，请大家多多指教”“对这类问题我缺乏研究”等，使听众觉得你这种“老生常谈”大煞风景，令人厌恶。

总之，在演讲语言的技巧方面，我们应该牢记“人类的思考越少，废话就越多”这句名言。

消除紧张的技巧

演讲的最大障碍就是紧张。紧张是一种生理现象，分为肉体的紧张和精神的紧张。演讲中的紧张属于精神紧张，也是每位演说者必须克服的心理障碍。因此，初学演讲的人必须消除紧张，它可以通过演讲训练的方法来实现。演讲训练可以使演讲者在听众面前自然、平静。你一旦突破自我的束缚，像面对朋友一样自然大方地走上讲台与观众朋友倾心交谈，你就会发现这个世界正张开双臂欢迎你，你与世界融为一体了。

一、消除紧张，留住自然

在演讲训练过程中，必须处处留意自己，使自己“像一个无忧无虑的小孩那样无拘无束地表现自己”。 做到说话自然，热情而不矫揉造作，平和易懂而又不呆板。 为了使训练效果更佳，你应该想象自己是身临其境，面对观众听众。 只有坚持做这样的练习，你才能消除演讲时的紧张，到最后演讲时，你便可做到“被人偷袭也能立刻还击”，而且自然得近乎“反射性”地说话。

此外，练习演戏也能有效地消除演讲时的紧张。 在练习中，常常要求自己把小说、戏剧中的对白部分作为演讲的材料，并尽量使自己进入角色。 如果在许多观众面前能脱去自己的“面具”，那么不论在什么场合你都能毫无顾虑地表现自己，从而体味到一种表达的自由，好像蔚蓝的天空中一只自由自在飞翔的小鸟一样。

世界上从来没有两个完全相同的人。 每个人都有其各自独特的个性，这种个性使你与其他人不同，也是你赖以生存的条件。

说话也是这样。 当你面对听众时，你应该尽量表现自己独特的个性。 一个富于健康个性的说者，才会受到听众的欢迎。 也许两位演说者演说的内容完全一样，但由于表现形式不同，其效果就会相差甚远。 造成不同的原因，除了语言、音调之外，还包含演说时的表情态度。 你用何种方式去说，其实在某种程度上比你说什么还要重要得多。 英国有一句古老的格言：“你说话内容的有无并不重要，重要的在于你的表达方式。”

也就是说，你的个性会增强你的演讲效果。 虽然每个人都和你一样，只有两只眼睛、一个鼻子、一张嘴，但没有人和你长得一模一样，也没有人和你的性格、处世方法、气质等完全相同，更没有人能和你一样自然地表达自己的思想与感情。 这表明你是个有独特魅力的演说者。你的个性是你最宝贵的财产。所以你要保持本色，不要去模仿别人，更不要使自己受固定模式的束缚。简而言之，你不但不能抛弃自己独特的个性，而且应该充分展现它的魅力。只有这样，你的演讲才会让人觉得真实，才会对听众产生持久的影响力，你也才真正是你自己。

二、建立自信的技巧

恐惧是许多人不能较好地进行演讲的主要心理障碍，那么，如何搬掉这一“绊脚石”，充满自信地走上讲台，使我们的演讲才能充分显示出来呢？这就是建立自信的技巧问题，你不妨试用以下方法：

自我鼓励法。演讲者首先要对自己的演讲充满信心，在精神上鼓励自己成功。演讲者可用如下语言反复鼓励自己，比如“我的演讲题材很有吸引力，听众一定会喜欢”“我的口才很好，我一定会成功”“我准备得很充分了”等等。

演讲者在演讲前不应过多考虑演讲失败的后果，如“我演讲差了怎么办？”“听众乱起哄怎么办？”这种负面的自我暗示往往会影响演讲效果。应努力做到放下包袱，轻装上阵。

现代心理学实验表明，若由自我鼓励、暗示产生了学习及工作的动机，那么即使这动机是强装的，也是学习、工作取得良好成绩的有效措施。

要点记忆法。初学演讲者往往把能够背诵演讲稿认为是充分的准备。熟读记忆，对于初学演讲者来说可能是一种必要的准备手段，但如果只是机械记忆，那么不仅会耗费演讲者大量时间，而且容易形成演讲者的心理疏忽。实际演讲时，如果因怯场、听众情绪波动、设备故障等突发事故打断演讲者的思路，机械记忆的链条就会被截断。 于是演讲者便会处于记忆的空白状态，或者思维短路，导致演讲无法继续下去。 此外，单纯的背诵还极易形成机械的“背书”节奏，并且不能灵活运用恰当的手势语，不能根据观众情绪适时调整自己的节奏、情绪，使演讲呆板、乏味，而丧失了演讲应该具有的战斗性和人性味。

丘吉尔是英国著名的政治家、演讲家，年轻时也曾依靠背诵演讲稿发表演说。 在一次国会会议的演讲中，丘吉尔突然忘记了下面的内容，他不断地重复仍然无济于事，最后只得挫败地回到座位上。 从此，丘吉尔放弃了背诵演讲稿的准备手段。

在演讲中，以采用提纲要点记忆法为宜。 首先，就有关演讲的主题、论点、事例和数据整理成翻阅方便的卡片，然后针对演讲稿进行比较和适当的补充，整理出一份简略的提纲，并在提纲里注明各段的小标题，最后在各段的小标题下按序补充重要的概念、定义、人名、地名、数据和关键性词语。

至此，一份演讲提纲即算基本完成。 在整理和编排的过程中，演讲者应反复思考和熟悉自己的演讲内容，而演讲时仅仅需要将该演讲提纲作为提示记忆的依据即可。

试讲练习法。 试讲练习可纠正语音，矫正口型，锻炼遣词造句能力，又可训练形体语言。 演讲者可以自选一个演讲题，或模仿名家的演讲，在静僻处独自练习。 著名演讲家，美国第十六任总统林肯，年青时代经常独自一人对着森林或空旷的原野模仿律师、传教士演讲，并反复练习。

在参加正式的演讲或比赛规格较高的会议上发表讲话之前，也有必要进行试讲。 这种试讲最好请一些朋友同事充当听众，一是可以增加现场气氛，二来可以听取接受一些好的意见和建议。

试讲练习可以帮助演讲者拥有充分的自信心，避免因准备不充分或不适应演讲环境而引起的惊慌失措。

情绪调节法。适度的深呼吸有助于调节紧张、烦闷、焦躁等情绪。当演讲者在临场时出现怯场反应，可以运用深呼吸法进行调节。即：使全身放松，双眼望着远方，做绵长的腹式深呼吸，同时，随呼吸节奏心中默数1，2，3……

目光回避法。刚学演讲的人往往害怕与听众进行眼神交流。因为一看到听众的眼神于自己不利，就会心慌意乱，而无法继续演讲下去。于是出现了侧身、仰望、低头等影响演讲效果的不正确姿势。因为，演讲要求演讲者正视听众，这既是出于一种礼貌，又是演讲者与听众全方位交流的需要。拉近演讲者与听众的距离，是演讲成功的必备条件。刚学演讲的人不妨采用虚视方式处理自己的目光，将视线移至演讲场后排上方，以回避听众的目光，让目光在会场上方缓缓流动。这种方式既能避免演讲者与听众目光对视所产生的局促和窘迫，又能给听众留下演讲者稳重大方的印象，使演讲获得成功。

兰博士的抗怯场练习

一、追蝴蝶练习

在登台前最后一刻做，效果最好。

1. 双脚开立，与肩相齐，膝微屈，挺背，双臂放松垂于身体两侧。

2. 不必刻意呼吸，边叫“呜”边做蹦跳，一共 10 次，尽量用力，“呜”声要短、急、用力。每次做完“呜”，双拳向下猛砸。

3. 放松，闭嘴，缓慢深呼吸。

4. 嘶嘶吸气，微张嘴，弯腰至膝，蹲于地。

重复 3 遍，做缓慢深呼吸。

二、摇来摆去练习

1. 双腿分开站立(与肩相齐)，同时摆动身躯、脖子和头，先向右，再向左。

2. 让双臂自由摆动，随身体转来转去，最后双臂放松地围住双肩。

3. 你在摆动时，尽可能大声叫：“我不在乎!”

4. 如此反复，也可叫：“不，我不在乎!”或“你奈我何!”重复几十次。

注意：

（1）身体摆动时，保证头随身子转。

（2）尽可能轻松自在地去做。

三、空手劈柴练习

1. 双足分开约 40 厘米，屈膝，握拳，手放两边。嘴唇紧闭。深呼吸三次后抬臂高举过头。

2. 哗啦一声，双手有力地劈下，并尽可能放喉大声叫喊：“哈哈哈哈哈哈哈哈!”(屈膝)

3. 尽可能用劲地重复 5 次。

四、劈柴动作练习

1. 两腿分开 40 ~ 45 厘米，脚尖向前，两膝轻松放直，攥紧双手。

2. 吸气，摆动紧握着的手，高抬过头。

3. 把举起的手摆下来，猛向前屈，吐气。 手下来时，大叫一声“哈”。（屈膝）

4. 吸气，再举手。

5. 重复上述动作，做上 10 次或 20 次。

注意：吸气时要闭着嘴，直到你的手下摆时叫“哈!”这样就可吸进更多氧气，练习就更有效。

五、蒸汽机练习

1. 双脚与肩齐，站在那里，屈膝，将头抬起，闭嘴，右臂后拉，左臂前伸，尽量用力。 同时深呼吸。

2. 左右臂换个方向，重复上述动作。 节奏要平稳。

3. 开始要慢，随后要越来越快，持续做 3 ~ 5 分钟。 记住：闭着嘴!

六、心怀世界练习

1. 吸气，感觉你像是在扩张，张开双臂，拥抱整个世界。 伸展四肢，感觉你的心脏是世界的扩充与展开。 你不再是单纯的一个生命体。

2. 至少坚持一分钟以上，让世界置于你的怀抱中，手放胸前，双手轻抵。

3. 如此做上 4 次，把消极的意念都去除掉。 努力去喜欢它，把它容纳进来，把它放在心上，化恨为爱。

七、减压练习

1. 站在门槛上，手掌挤着两边门框，鼓气用力。 面部、头部、脖子会有热血上涌。 尽量多坚持一会儿。

2. 突然完全放松。

第十三章

演讲者不可忽视身体语言的效果

合理运用身体语言

身体语言简称体语，指非词语性的身体符号。包括目光与面部表情、身体运动与触摸、姿势与外貌、身体间的空间距离等。演讲者在与人交流沟通时，即使不说话，也可以凭借对方的身体语言来探索他内心的秘密，对方也同样可以通过身体语言了解到演讲者的真实想法。身体语言是演讲者用来表情达意的一种重要的辅助工具。在主持现场，或在与受众直接见面的各种场合，往往需要借助于某种表情、动作和姿态的作用，才能表现用言辞难以表达的意思，这种表达方式使观众更了解演讲者的意图。然而，真正将身体语言有效地运用到主持中去却不是一件很容易的事，需要我们做好下面两件事情：

1. 正确理解别人的身体语言

身体语言比口头语言能够表达更多的信息，因此，理解别人的身体语言是演讲者理解别人的一个重要途径。从他人的目光、表情、身体运动与姿势，以及彼此之间的空间距离中，我们都能够感知到对方的心理状态。了解了对方的喜怒哀乐，我们就能够有的放矢地调整我们的交流内容。但是，理解别人的身体语言必须注意以下几个问题。

（1）要站在别人的角度来考虑

要培养自己的观察能力，不要简单地下结论。同样的身体语言在不同性格的人身上意义可能不同。例如一个活泼、开朗、乐于与人交往的女孩子，在与演讲者交流时会运用很丰富的身体语言，不大在乎与演讲者保持较近的距离，也时常带着甜蜜的表情与演讲者谈话。但是，这可能并没有任何特殊的意义，因为她与其他人的交流也是这个样子。然而换成一个文静、内向的女孩子，上述的信息可能就意味着她已经开始愿意与演讲者交谈了。

（2）解释别人的身体语言还要考虑情境因素

同样是笑，有时候是表示好感，有时候是表示尴尬，而有的时候又表示嘲讽，这都需要演讲者加以区别。理解别人的身体语言，最重要的是要从别人的角度上来考虑问题。要用心去体验别人的情感状态，也就是心理学上常讲的要注意“移情”。当别人对自己表情淡漠，很可能是由于对方遇到了不顺心的事。站在别人的角度，替别人着想，才能使交往更富有人情味儿，使交往更深刻。

（3）要培养自己敏锐的观察力

培养自己敏锐的观察力，善于从对方不自觉的姿势、目光中发现对方内心的真实状态。不要简单地下结论。比如，中国人喜欢客套，当来做客的人起身要走时，往往极力挽留，然而很多时候，这些挽留都并非出自诚意，我们从主人的姿势上是可以看出来的，口头上慢走，却早已摆出了送客的架势。

2. 恰当使用自己的身体语言

作为演讲者要想恰当地使用自己的身体语言，综合而言应做到以下几点：

经常自省自己的身体语言；有意识地运用身体语言；注意身体语言的使用情境；注意自己的角色与身体语言相称；注意言行一致；改掉不良的身体语言习惯。

自省的目的是演讲者检验自己以往使用身体语言是否有效，是否自然，是否使人产生过误解。

了解了这些，有助于演讲者随时对自己的身体语言进行调节，使它有效地为演讲者的主持活动服务。那些不善于自省的演讲者，经常会产生问题。我们可能会注意到，那些比较著名的演说家、政治家，都很善于运用富有个人特色的身体语言。这些有特色的身体语言并不是与生俱来的，都是经常有意识地运用的结果。身体语言的使用一定要注意与自己的角色以及生活情境相适应。

改变不良的身体语言的意义，是消除无助于沟通反而使沟通效率下降的不良的身体语言习惯。比如有的演讲者在与大家谈话时，常有梳理头发、打响指等习惯，有的人还有掏耳朵、挖鼻孔的小动作，这些都会给人家留下不好的印象，有时会让人觉得很不礼貌。同时，这些无意义的身体语言会分散对方的注意力，会影响沟通的效果。

作为演讲者如果能将这两者结合起来，就能够帮助受众更清晰更准确地获取信息，减少信息传递中的误差，增强信息传递量，以达到彼此更好地了解和沟通。身体语言运用得好会使主持十分“出彩”。

丰富的表情

在身体语言中运用最多的是面部表情。面部表情主要由脸色的变化以及眉、眼、鼻、嘴的动作组成，相互配合形成各种“语言”。面部表情的“词汇”最丰富，也最有表现力。面部表情能最迅速、最灵活、最充分地反映演讲者的喜怒哀乐、恐惧犹疑。

脸色。有些演讲者在台上忽略了自己的“脸色”。其实受众能从脸色观察演讲者的心理状态。如：喜笑颜开、笑容满面是心情愉快的象征；红光满面、容光焕发是兴高采烈的表露；脸色绯红是害羞的表现；蹙额锁眉是忧虑不安的反映；等等。所以演讲者要善于调控表情。

眉毛。有研究表明，眉毛的动作也有 20 多种，它能起到弱化或强化眼睛所传递信息的作用。

眼神。表现力较强又与演讲者关系较密切的是目光语即“眼神”。人们常说：“眼睛是心灵的窗户。”眼睛不仅能交流思想，表露情感，而且具有启示心理的功能。一个有经验的演讲者，应该认识到眼睛在主持中的功能，发挥好眼睛的功能。对于眼神的运用要做到以下几点：

1. 首先要有内容

受众是从台上“听其言、观其行”来了解演讲者的。“听其言”能了解演讲者的思想感情；“观其行”能了解演讲者的内心世界。

有些演讲者，无论是悲是喜，是惊是忧，观众都能从他们的眼神中做出判断。但有些演讲者不善于运用自己的眼神。思想如何深刻，情感如何丰富，事物多么复杂，主持活动时两眼总是无动于衷，显得麻木、呆滞、平板，这样就影响了思想感情的表达，不能吸引和打动受众，无法在受众心目中留下印象。

2. 其次是要有目标

所谓有目标是指演讲者在主持过程中，要看着受众，与其进行积极的思想情感交流，不能“目中无人”。一个有经验的演讲者，肯定会与受众进行目光接触，这样受众就会感到受到了演讲者的尊重，意识到自己的存在，那么听起来会格外专注，而演讲者通过与受众目光的交流，也能够迅速得到反馈信息，及时调整自己主持的内容、方法。

嘴。嘴不只用来说话，嘴传达信息的能力也很强，而且是构成面部笑容的主要因素。如嘴巴微开，上齿微露形成轻笑；唇部并拢呈向上的弧形，不露齿，形成微笑；嘴巴张开呈弧形，上下齿都露出，形成大笑；等等。

微笑。因为微笑有亲和力，演讲者运用得比较多的是微笑，微笑会给受众以愉快亲切或甜蜜的感觉。当与受众的谈话取得一定效果时，微笑就可产生“共振效应”，从而消除隔阂，增进与受众的理解和友谊。

不同的笑有不同的含义。演讲者的轻笑不仅是招呼受众的手段，而且还是一种婉拒的手段。当演讲者不便直接拒绝回答受众的某些询问时，就可以轻轻一笑了之，既可达到拒绝的目的，又不致太得罪受众。

微笑不仅仅是一个简单的动作，一个表情。微笑是内心的自然流露，是伪装不出来的，即使非伪装不可，那也是苦涩的笑，倒不如不伪装的好。微笑也是有所讲究的。

（1）首先要学会微笑

如果你对别人抱着友好的态度，自然会笑口常开，久而久之，微笑会自然地变成你生活和交际的一部分。当演讲者与受众交流时，如果以真诚的微笑相迎，肯定也会得到热情的回应——微笑。

（2）调节自己去微笑

当你某一时刻心情恶劣时，设法使自己笑出来，是改变心情最好的办法。无论在主持过程中遇到的困难多大，处境如何痛苦，一旦自己笑了，就可能撑得过去，不会被困难压倒，也不会向困境屈服。

如果你是一个平时不太喜欢笑的演讲者，现在又想学会笑，那么可先从搜集和剪贴各种趣事和笑料做起。 建立一个简单的笑料档案，把自己所喜欢的笑话和漫画剪下来就可以了。 另外，再预备一个记事簿，记下日常生活中遇到的可笑事情，自己一翻阅就会笑起来。

（3）笑要注意场合

笑在一般主持场合中都是畅通无阻的通行证，但这并不意味着它在任何交际场合都适用。 如果在不该笑的场合中笑了，不仅起不到搞好活动的效果，反而会受到别人的冷眼相对，甚至会引起别人的愤怒。 因此，我们在笑的时候，一定要注意场合。 例如，当你主持葬礼或追悼会时，你对悲痛欲绝的死者家属就不能笑脸相迎。

（4）应和大家一起笑

当你主持活动时，如果别人的幽默引起了大家的共鸣，那你千万不能板着脸。 大家都笑而你却正襟危坐，无疑会破坏全场气氛，讲笑话的人心中也会不高兴，认为你有意为难他，其他人也会认为你大煞风景。 所以，在这种场合，表现出欣赏别人幽默的样子，和大家一起笑，是争取友谊的好方法。

微笑是为了表示演讲者与人为善，助人为乐，正确对待人生，正确对待社会的态度。

恰到好处的动作

每个人不可能在任何时候都处于静止状态，动作在主持中最具参与性和表现力。尽管在主持中反对“手舞足蹈”，但几乎可以说没有一个演讲者是在绝对无动作的状态下完成主持的。主持活动中，有时候并不需要演讲者喋喋不休的话语，言语内容不宜或难以直接表述时，动作就可以发挥它“无声”的表意作用，利用它的可视性、模糊性和简洁性达到特殊的语境效果。例如在现场主持中，演讲者因需要发出一系列的信息，诸如：“欢迎上场”“可以开始”“请你退场”“请你留步”“再来一个”等等，这些意思如果全都挂在嘴上岂不啰唆俗套？然而，诉诸态势，只需要含笑、对视、点头、欠身、伸手，就把这些含义全表达清楚了，而且简单明快、儒雅潇洒。演讲者要善于运用这类动作语言以扩展有声语言的表现领域，同时也可借以完善自己的外部形象。

动作多种多样，常见的几种动作表现形式如下：

手的动作

手势是表情达意的重要手段。演讲者的手势语汇是十分丰富的。有人称演讲者的手是“第二张脸”。无论演讲者是有意识还是无意识，我们可以发现他们在主持中两手总是随着口头语言做出这样或者那样的动作，增添表达的气氛，给人以动态的美感。由此可见，演讲者的手势语是使用频繁的形体语言，运用得体与否很有讲究，演讲者的手势动作太僵硬或者太花哨都会影响与受众的思想交流的效果。演讲者手势运用应符合以下三点要求：

1. 自然

所谓自然是指手势不要机械，不要太僵硬，不仅要起到表情达意的作用，而且要给受众一种美感。演讲者在自然状态下的双手以自然下垂，或双手交叉置于体前，或一手插袋一手自然下垂等姿势比较好，显得轻松、自然，又不失自信。偶尔变换，辅以手势动作，会更显得具有风度。 当然，手势是很忌讳被当作标签一样硬往每句话上贴，即不能简单化、图解化。

2. 适度

所谓适度是相对主持时手势的频率、幅度而言。 演讲者手势频率太快会喧宾夺主，让受众觉得眼花缭乱；演讲者手势幅度太大，太过夸张就会给人虚假、做作感，受众也会因为演讲者“张牙舞爪”的样子而分散注意力。

3. 准确

所谓准确是指手势与语言内容要一致，不能让受众产生费解。手势作为一种符号，有时能表达某种约定俗成的意义。 如果演讲者“言行不一”受众就会糊涂。 演讲者的手势过于随意，受众理解起来也会很吃力。

腿的动作

1. 频繁抖腿

抖动双腿是一种既失礼又不雅观的行为，是不尊重对方的表现。 同样，让跷起的腿像钟摆似的摆动也是相当难看的姿态。

在主持活动中，我们应该尽量控制自已不去抖腿，应该挺直身体，保持端正姿势，如果在下意识中已经发生了上述动作而且让对方产生不快时，那就应该迅速调整坐姿，并用眼神向对方表示歉意或直接说声“对不起”。 抖腿大多是因为平时没有养成良好的习惯，所以要彻底避免这种情况的发生，还是应该平时多加练习，养成好习惯。

2. 行姿

协调稳健、轻松敏捷的行姿会给人动态之美。

（1）规范的行姿

行姿的基本要求是“行如风”，起步时，上身略向前倾，身体重心落在前脚掌上。行走时，双肩平稳，目光平视，下颏微收，面带微笑。手臂伸直放松，手指自然弯曲。摆动时，以肩关节为轴，上臂带动前臂，前后自然摆动，摆幅以30°～35°为宜。

步幅要适当，一般应该是前脚的脚后跟与后脚的脚后跟相距一脚长。跨出步子应全脚掌着地，膝和脚腕不僵直，行走足迹在一条直线上。行走速度，男士一般是每分钟108～110步，女士每分钟118～120步。

行走时，男士不要左右晃肩。女士髋部不要左右摆动，着高跟鞋应注意保持身体平衡，以免摔跤。男女两人同行，女士步幅较小，男士步幅较大，男士应适当调整步幅，尽量与女士同步行走。

行走时，不要左顾右盼、左摇右摆、大甩手，也不要弯腰驼背、歪肩晃膀、步履蹒跚，不要双腿过于弯曲，走路不成直线，更不要走“内八字”或“外八字”。

（2）变向行姿

变向行姿是指在行走中，需转身改变方向行走，用在向他人告别、祝愿、提醒、寒暄等时的行走姿态。

①后退步。与人告别时，不能扭头就走。应先向后退三步，再转体离去。退步时脚轻擦地面，不要高抬小腿，后退步幅要小。转体时要身先转，头稍后再转。

②引导步。引导步是用于走在前边给宾客带路的步态。引宾时，要尽量走在宾客的左侧前方，整个身体半转向宾客方向，左肩稍前，右肩稍后，与宾客保持两三步的距离。遇到上下楼梯、拐弯、进门时，要伸出左手示意，提示客人先上下等。

③前行转身步。在前行中要拐弯，向左拐时，要右脚在前时转身，向右拐时，要左脚在前时转身。

总之，动作语言的运用贵在真实自然，要防止表演的倾向，尤其是有过表演艺术实践的演讲者，在主持中的“一举一动”应当抹去舞台表演的痕迹。一旦让别人看出你在表演就让人反感了。

端正的体态

体态主要包括演讲者的各种静态的姿势，其中与演讲者关系比较密切的是立姿和坐姿。不同的立姿和坐姿能传达不同的信息。

演讲者是一个立体的人，形体也是体态的重要组成部分。体形美主要是指体态所表现出来的美感。我国古人要求的“立如松”“坐如钟”就是对体形美的基本要求。

站

所谓“站有站相”，就是说一个人在站立时切忌东倒西歪、耸肩驼背，站立时双脚间距不宜过大，以不超过一脚为宜。如站立时间较长，可以一腿伸直支撑，而另一腿稍稍弯曲。站立交谈时，双臂可随谈话内容做一些手势，但不宜将手插入裤袋里或交叉在胸前，更不要摆弄一些小物品，因为这样做既不庄重，也显得缺乏自信。

因此作为演讲者，掌握一下基本的站姿礼仪，是非常有必要的。

1. 站姿的礼仪规范

双脚脚跟靠拢，身体重心主要落于双脚脚掌、脚弓上。脚尖开度为45度至60度，两腿并拢。无论是男人还是女人，站姿的基本要求都是“站如松”，基本要领是头平正，双肩平，两眼平视，下颌微收，面带微笑，挺胸，收腹，立腰，双肩放松，双臂自然下垂，双手在背后交叉或体前交叉，双腿直立。

脚尖开度为45度至60度，两腿并拢立直，髋部上提。双肩放松，气下沉，自然呼吸。双手臂放松，自然下垂于体侧，虎口向前，手指自然弯曲。腹肌、臀大肌微收缩并向上挺，臀部、腹部前后相夹，髋部两侧略向中间用力。脊椎、后背挺直，胸略向前上方挺起。脖颈挺直，头顶上悬。下颌微收，双目平视前方。

2. 站姿的注意事项

（1）站立时，以鼻子为中线的人体应大致呈直线，使竖看有直立感；肢体及身段应给人舒展的感觉，使横看有开阔感；当然也可能是不安、紧张心理的流露。侧面，从耳至脚踝骨应大致呈直线，使侧看有垂直感。

（2）站立交谈时，身体不要倚门、靠墙、靠柱，双手可随说话的内容做一些伴随手势，但动作不能太多、太大，以免显得粗鲁。不要将手插入裤袋或交叉抱在胸前，更不能下意识地做小动作。

（3）站立时不应东倒西歪，两脚间距过大，耸肩驼背，左摇右晃。

3. 不同场合的站姿

在升国旗、接受奖品、致悼词等庄严的仪式场合，应采取严格的标准姿态，而且神情要严肃。

主持文艺活动、联欢会时，女性演讲者的站姿，一般采取丁字步或立正的姿势。若双手端物品时，上手臂应靠近身体两侧，但不必夹紧，下颏微收。男演讲者站立时，身体立直，挺胸抬头，下颏微收，双目平视，双膝并拢，脚跟靠紧，脚掌分开呈 V 字形，挺髋立腰，吸腹收臀，双手置于身体两侧自然下垂；也可以两腿分开，两脚平行，不超过肩宽，双手交叉于身后，右手搭于左手之上。

好的站姿能给人一种静态美，很多时候你做出什么样的姿势就会有什么样的精神状态，得体的站姿不仅会给别人留下一种优雅的印象，也会使自己变得神采奕奕。

坐

在主持一些娱乐活动中，为了便于与受众互动，也经常是坐着主持活动的，因此坐姿也是演讲者不能忽视的体态语言。

入座时，要走到座位前再转身，转身后右脚向后退半步，然后轻稳地坐下。 女演讲者入座时，若穿裙装，应把裙子下摆稍稍向前收拢一下，不要坐定后再起来整理衣服。

坐时要注意愈坐得长久愈要保持脊柱正直姿势的习惯，让自己的精神始终保持振作。 注意不要把椅面坐满，但也不要为了表示谦虚，故意坐在椅子边沿上。 坐势的深浅应根据腿的长短和椅子的高矮来决定，一般应坐满椅面的三分之二。 最适当的位置，是两脚着地，大腿与地面成直角。 与人交谈时，身子要适当前倾，不要一坐下来就全身靠在椅背上，显得体态松弛，也不礼貌。 坐沙发时，因座位较低，更要注意两只脚摆放的姿势，双脚侧放或稍加叠放较为合适。 不要一直前伸，要控制住自己的身体，否则身子下滑形成斜身躺在沙发里，显得懒散。 更不宜把头仰到沙发背后去，把小腹挺起来，这种坐相显得很放肆，极不雅观。

女演讲者就座时不可跷起二郎腿，更不可将双腿叉开，这种坐法是最不雅观和缺乏教养的坐姿。 当你刚坐下时就要注意先把双脚的脚跟合拢。

女士除了要保持腿部的美以外，背部也要挺直，不要弯胸曲背。椅子如有扶手时，不要把双手平放在椅子的扶手上，好像老太婆般安详地坐着，显出老气横秋的样子。

在与人交谈时，不要将脚跨在椅子或沙发扶手上或架在茶几上，也不能用手掌支撑着下巴更不能像有些人干脆坐在写字台或椅背上与人交谈，认为只有这样才能与人拉近距离，殊不知这会毁掉你温文尔雅的风度。

坐在椅子上同自己左侧或右侧的人谈话时不要只扭头，这时可以侧坐，上体与腿同时协调地转向客人一侧。

正确的坐姿对坐的要求是“坐如钟”，即坐相要像钟那样端正。除此还要注意坐姿的娴雅自如。其基本要领是：上体自然坐直，两腿自然弯曲，正放或侧放，双脚平落地上并拢或交叠，双膝自然收拢，臀部在椅面的中央，两手分别放在膝上（女士双手叠放在左或右膝上），双目平视，下颏微收，面带微笑。

端坐时间过长，会使人感觉疲劳，这时可变换为左侧坐或右侧坐。无论是哪一种坐法，都应以娴雅自如的坐姿来达到尊重别人的目的，给别人以美的视觉感受。

体姿语言除了具有传播信息、表达思想感情的功能，同时也具有直接的审美功能，有利于塑造演讲者的自我形象。毛泽东也曾提倡过：“以姿态助讲话。”因此，演讲者在体姿语言的应用上还应把握以下三点。

1. 端庄

所谓端庄是指演讲者的形体不要偏向某一方向，各个部位要平衡、挺直，不要歪歪扭扭。一个人头正了，肩平了，胸挺了，背直了，才能显示出他的健康，表现出他的精神，加强他言语的力量。

2. 稳健

所谓稳健是指演讲者的身体各部位要相对“稳定”一些，不要动得太多。一个有经验的演讲者，一旦到了台上，除了一些必要的动作以外，基本上是“站如松，坐如钟”，不会轻易改变自己的位置和姿态。

3. 灵活

所谓灵活是指演讲者的身体各部位的姿态动作不仅与有声语言紧密配合，而且相互之间的配合也要和谐。由于很多主持活动是在大庭广众之下进行的，演讲者的心理上会有一定的压力，有些演讲者由于内心紧张，总是惦记着自己在受众心目中的形象，于是身体的各部位就会变得很不听使唤，形体语言和有声语言相互之间“各自为政”，不但分了工，而且分了家，好像不在一个整体之中似的，这样，越是担心自己的形象就越不利于塑造自己的形象。

演讲者的仪态语言在主持活动中，对增添演讲者的个性魅力、强化传播效果，无疑起着十分重要、不容忽视的作用。正如施拉姆所言：“尽管非语言符号不容易系统地编成准确的语言，但是大量的信息正是通过它们传给我们的。”因此，作为演讲者应增强形体语言意识，提高美学修养，自觉运用、把握形体语言，完善自我形象。

得体的仪表

仪表语言是演讲者身体语言的重要组成部分。仪表主要是指服饰、美容化妆和发型等。

关于演讲者的服装问题，在前面内容中已经讲得很多了，在这里就不再多讲。 下面我们就与演讲者关系最为密切的其他几方面来展开介绍。

1. 珠宝首饰巧佩戴

有些演讲者有一个错觉，以为佩戴的珠宝越多，或首饰上的宝石越大，越能突显自己高贵的一面。 恰恰相反，佩戴的首饰越多，越会给人以烦琐和凌乱的感觉，越会降低你的品位。 其实，演讲者只要能巧妙地配合自己的年龄、身份和当时的场合，选择即使是数件款式简单的首饰，也能把自己衬托得更具魅力。

对于女演讲者来说，该如何恰到好处地佩戴首饰呢？ 本书在参考一些专家建议的基础上，结合实际情况，总结出以下几点：

（1）项链

通常，所戴的项链以一条为宜。 项链从长度上来讲，可分为四类：短项链，约 40 厘米，适合搭配低领上装；中长项链，约 50 厘米，这是被人们广泛佩带的一类；长项链，约 60 厘米，多为女士使用于社交场合；特长项链，70 厘米以上，多用于隆重的社交场合佩戴。

在佩带项链时，应注意和自己的年龄及体型相协调：脖子细长且年轻的女士佩戴仿丝链，更显玲珑娇美。

佩戴项链也应和所穿的衣服相协调：丝绸衣衫裙应佩戴精致、细小的项链；单色或素色服装宜佩戴色泽鲜明的项链。 如果是搭配低胸一点的衣服，坠子最好选长一点的，这样更能突出身材的高挑。

（2）戒指

一般情况下，只戴在左手，以一枚为宜，有时候可以戴两枚，这种情况下，可戴在左手两个相连的手指上，也可戴在两只手对应的手指上。

戒指的佩戴不仅是一种美的体现，还有着其他的含义，它往往暗示佩戴者的婚姻和择偶状况：戴在中指上，表示已有了意中人；戴在无名指上，表示已订婚或结婚；戴在小手指上，则暗示自己是一位独身者；如果把戒指戴在食指上，表示无偶或求婚。

（3）耳环

在选择耳环时，应根据脸型特点。圆形脸不宜佩戴圆形耳环，因为耳环的小圆形与脸的大圆形组合在一起，会使你的圆脸更加突出而显得不美观；方形脸也不宜佩带圆形和方形耳环，因为圆形和方形并置，在对比之下，方形更方，圆形更圆，显得不协调。

（4）手镯

手镯可以只戴一只，也可以同时戴上两只。戴一只时，通常应戴于左手；戴两只时，可一只手戴一个，也可以都戴在左手上；戴三只手镯的情况比较罕见；不要在一只手上戴多只手镯。

（5）领针

它是专用于别在西式上装左侧领之上的饰物。佩戴领针，数量以一枚为限。而且不宜与胸针、纪念章、奖章、企业徽章等同时使用。注意不要将其别在诸如右侧衣领、书包、围巾、裙摆、裤管等不恰当的位置上。

（6）胸针

胸针的图案以花为主，所以它又被人叫作胸花。胸针的位置比较讲究，也比较严格，一定要按规矩来，否则就会闹笑话。穿西装时，应别在左侧领上；穿无领上衣时，则应别在左侧胸前；发型偏左时，胸针应当居右；发型偏右时，胸针应当偏左。其具体高度，应在从上往下数的第一粒、第二粒纽扣之间。

（7）挂件

挂件又被人叫作项链坠，在一般情况下和项链同时使用。它的形状有很多，常见的有文字型、动物型、鸡心型、元宝型、十字型、镶宝型、吉祥图案、艺术造型等类型。选择挂件，要优先考虑它是否与项链般配，要让二者在整体上保持协调一致，不然，会显得不伦不类，这样还不如不戴。在正式场合，不要选用过分怪异的挂件，也不要同时使用两个或两个以上的挂件。

（8）手链

它佩戴于手腕上，在普通情况下，手链应仅戴一条，并应戴在左手上。在一只手上戴多条手链、双手同时戴手链、手链与手镯同时佩戴，一般都被认为是不雅观的。

（9）脚链

它是佩戴于脚踝部位的链状饰物，主要适用于非正式场合。佩戴脚链，是用来引起别人对自己脚踝、小腿等相关使用部位的注意，以显示自己在此处的优点。脚链一般只戴一条，戴在哪一只脚踝上都可以。

佩戴珠宝首饰，重要的是巧妙、恰当，而不是数量。如果佩戴过多的首饰，不仅不能以珠光宝气来吸引人，反而会给人俗不可耐的感觉。

2. 发型

有人说：“头发是一面飘扬的形象和品质的旗帜。”的确，头发给予人的不仅是美丽，更是一种生命的象征，一个生活品质的标志。如果一个人的头发脏乱粗糙，就会给人以不良印象或造成一定的误解，从而使其在对方心中的形象也会大打折扣。

有时发型的变换会比发型本身更为重要，变换发型是演讲者改变自身形象、精神面貌的最直接方式，也是塑造自身新形象的一个最有效的捷径。

为了达到更好的美容效果应根据脸型和身材来选择发型。

（1）长脸型

要用优雅可爱的发式来缓解由于脸长而形成的严肃感。 在发型的轮廓上，要压抑顶发的丰隆，使顶部平伏，前发宜下垂，使脸部变得圆一些，同时，还要使两侧的发容量增加，以弥补脸颊欠丰满的不足。 对于脸型狭长的女演讲者来说，将头发做成卷曲波浪式，可增加优雅的品位，应选择松动而飘逸，整齐中带点乱的发型。

（2）圆脸型

应增加发顶的高度，使脸型稍稍拉长，给人以协调、自然的美感。 在梳妆时要避免面颊两侧的头发隆起，否则会使颧骨部位显得更宽。 宜侧分头缝，梳理垂直向下的发型，直发的纵向线条可以在视觉上减弱圆脸的宽度。

（3）方脸型

这种脸型的梳妆要点是以圆破方，以柔克刚，使脸型的不足得到弥补。 可将头发编成发辫盘在脑后，使人们的视觉由于线条的圆润而减弱对脸部方正线条的注意。 前额不宜留齐整的刘海，也不宜全部暴露额部，可以用不对称的刘海破掉宽直的前额边缘线，同时又可增加纵长感。 两耳边的头发不要有太大的变化，避免留齐至腮帮的直短发。

（4）菱形脸型

整个脸型的上半部为正三角形形状，下半部为倒三角形形状。用发型矫正这种脸型时，上半部可按正三角形脸型的方法处理，下半部则按倒三角形脸型的方法处理。 一般将额上部的头发拉宽，额下部的头发逐步紧缩，靠近颧骨处可设计一种大弯形的卷曲或波浪式的发束，以遮盖其凸出的缺点。

（5）三角形脸型

根据发型与脸型的比例关系，梳理时要将耳朵以上部分的发丝蓬松起来，用喷发胶或定型剂可以达到这种效果，这样能增加额部的宽度，从而使两腮的宽度相应地减小。

（6）倒三角形脸型

在梳理时要注意扬长避短，以便达到整洁、美观、大方的效果。适合选择侧分头缝的不对称发式，露出饱满的前额，发梢处可略微粗乱一些，这样能将那些年轻的演讲者纯情、甜美、可爱等特点直观地表现出来。

（7）高瘦女性

一般高而瘦的身材大多是比较理想的身材。但高瘦身材者有时容易给人以眉目不清的感觉，或者是脸部缺乏丰满感，而稀少单薄的头发则会令人乏味，因而在梳妆时要注意增加发容量。适当地加强发型的装饰性，或在两侧进行卷烫，对于清瘦的身材有一定的协调作用，能显得活泼而有生气。

（8）矮胖女性

在发型的梳理上宜用精致巧妙的束发髻，整体的发式要向上伸展，亮出脖子，以增加一定的视觉身高。不宜留长发，应选择有层次的短发和前额翻翘式发型。

总之，作为演讲者在运用仪表语言技巧时，必须结合具体的人、具体的内容、具体的情境、具体的背景，才能始终保持畅通无阻的信息交流。每个活动演讲者都应该掌握好这一有效的手段。

巧用手势增添演讲气势

在讲话中，手放置在哪里往往很让我们头疼。如果你在讲台后面，你可以将双手自然地放在讲台两侧。如果没有讲台的话，可将双手自然垂在身体两侧，或者让双手握在胸前，也可以用手来操作教学设备，握住提示卡、笔、教鞭或是做手势等。无论在什么情况下，都不该把双手置于裤子口袋内，或是把手背在身后。

手是人体的表情器官之一。手势是使用频率最高的体态语言形式。寓意深刻、优美得体的手势，能产生极大的魅力，激发听众的热情，加深听众对演讲内容的理解，使演讲获得成功。

运用手势要注意以下六个原则：

第一，上中下三区的运用。

上区，就是手势在肩以上，表示积极向上，一般用在号召鼓动、赞美、表扬的时候。

下区，就是手势在腰以下，表示消极的、不好的，一般用在批评指责的时候。

中区，就是手势在肩与腰之间，表示一般的描述表达。

一般演讲过程中，大部分手势都在中区。

第二，场面大，手势大；场面小，手势小。

当会场大、人数多的时候，我们的手势做得要大气，要做出来让听众都能看见。

当会场小、人数少的时候，我们的手势做得要小一些，做太大了，反而会让听众感觉有点张牙舞爪，和现场不协调。

在这里还要分年龄，在对年龄大的人演讲时，手势要尽量小一些；相反在对年龄小的人演讲，手势要尽量大一些。

另外还有男女之分，对于男士，手势可以大气一些，对于女士，手势可以做小一些。

第三，肩发力，表示力量；肘发力，表示亲切。

第四，手势应该停留足够长的时间。

手势一做出去，马上就收回来，会使听众对你立刻失去信赖感。

如歌星在现场唱歌时，他的手势会指着一群人好长时间才放下来，然后再去调动另外一群人的情绪。

第五，自己的思维“仓库”里要存储三到五个手势。

在运用手势的过程中，切忌一成不变，只做一种手势，这样显得太单调，太呆板。

第六，在运用手势过程中一定要自然、协调。

做手势就像猫抓老鼠一样自然，猫看到老鼠时，不会想姿势应该怎么摆，而是一下就扑上去，这就是最好的动作。

在有些演讲比赛上，有些选手讲完“我们一定会取得圆满成功”这最后一句话时，忽然想起老师说过最后加上一个动作效果会更好，马上刻意地补上一个手势，结果就显得有点做作。所以不要为做手势而做手势。

初学者刚开始可以多学学别人比较优美潇洒的手势，模仿是最快的学习，慢慢地形成自己的风格。当然，刚开始做手势时，会显得不协调甚至有点别扭，这没关系，习惯了就好了，所有的习惯都是从不习惯开始的。

手势动作只有在与口语表达密切配合时，才最为生动具体。

演讲者的手势必须随演讲的内容、自己的情感和现场气氛自然地流露出来。手势的部位、幅度、方向、力度都应与演讲的有声语言、面部表情、身体姿态密切配合，协调一致，切不可生搬硬套，勉强去凑手势。如果手势泛滥，刻意表演，会使人感到眼花缭乱，显得轻佻作态，哗众取宠。

当然，也不可完全不用手势，那样会显得局促不安，失去活力。

演讲者的十个表演技巧

每次你演讲的时候是不是都想要得到一个奥斯卡奖。即使一个故事你已经讲过 500 遍了，你在讲的时候好像仍是刚刚想到的一样。很多成功的演讲者都运用表演技巧来提升他们的台前技巧。毕竟，演讲者的工作和演员的工作相类似——吸引观众。演员必须日复一日、年复一年重复同一个角色。如何使之保持新鲜呢？这就是演讲者能从演艺圈中学到的。

诀窍之一：即兴创作

即兴创作意味着在你要行动的时候准备。它表示放弃一成不变，尝试新的和激动人心的东西。演员们用即兴创作释放他们的创造力，再借着剧本找到他们的最佳状态。

你能够通过尝试不同的方式来架构你的演讲来进行即兴创作。在一次激励演讲中，卡耐基根据演讲的基调即兴创作，提出一个有趣的故事，就是他在为母亲花一分钟买电灯泡和花一小时为女友买 50 公斤大米的事情上所表现出来的不同态度，以此来说明你对梦想和目标的欲望程度决定了你的行动的论点。很明显非常成功地用热情与幽默把意思表达了出去。在说明不要不相信奇迹及自身的力量的结尾时，他变了一个魔术。将矿泉水瓶的瓶盖在瓶底拍打一下后，进入到了瓶内。结果你可以想象，所有的人目瞪口呆，如睹神物，对于前面论点的记忆没齿难忘。

试着用即兴的词汇来表达你已有的故事，你会发现感觉最好的用词和表达方式。你不用去管时间，重复地用中速表达或乱讲一气。

即兴创作给你空间使你有创意和显得自然。

诀窍之二：个性化你的故事

讲故事的关键不是记忆词汇，而是记忆那种体验。演员使用一个称之为“个性化”的技巧来达到这个目的。这意味着从你的生活中提炼出一种经验，然后把这种经验中的情感的影响力应用于表演的场景和故事当中。个性化是演员演得真实的秘诀。

举例来说，当安东尼·霍普金斯在影片《沉默的羔羊》中扮演杀人狂汉尼拔·莱克特时，他根据他曾经发狂地想去杀人的经历，再造了情绪的感染力。我们在荧幕上看到的霍普金斯是一个精神错乱的杀人狂。实际上，演员霍普金斯只是从他替代性的经历中演出真实的情绪。

作为一个演讲者，个性化意味着把你自己带进演讲。“就讲故事而言，如果你不能领会他，那观众也不能。”通过体验的再现把观众带进演讲。你得到的回报是，每一次你再造这个体验，它都会是新鲜的。

即使有时你在描述发生在别人身上的事情，也要把这个素材当作你自己的。“我所有的故事都是我自己的故事，”卡耐基的表演老师安振吉曾经说道，“如果我听到我喜欢的故事，我会把它重新塑造。我会用不同于他人的方式来讲述它。”

诀窍之三：强烈的意愿

一个演员在每个场景中都有一个意愿（或是目的），一个意愿对剧本来说是一条主线。意愿激励着每个角色。哈姆雷特的意愿是杀死他的叔叔克劳蒂斯。哈姆雷特一路上有很多障碍，但是他没有这个意愿的话，这部戏就演不下去了。

作为一个演讲者，你的意愿是任何你向观众所宣扬的你的观点。演讲者 Helen 说，“我的意愿是让观众们说，‘哦，我从没有这样想过。’是帮助他们建立新的观点。”而周可的意愿是，“不仅是提出观点，而且是如何执行观点。”

没有意愿，你仅仅是一本会走路的百科全书。勇敢地站出来，并加以表达！

诀窍之四：戏剧化

演员总是要在台上尽量显得真实。但是舞台上的真实实际上只是对我们真实经历的强化。真实却没有戏剧性是非常了无生趣的，即使是最敏感的电影表演都会有戏剧性的成分。

戏剧化是“你需要变成你自己，但是要‘比生活夸大’，要做你自己，但不是刻意的”。在以幽默结束他的关于科技的演讲时，诺贝尔得奖主对他的观众说起有关他和他的妻子在购物时看到小活塞的展示。他说道，“这次演讲最终以此来结束，就是我把活塞放在我头上，再把一个秃头的小伙子拉上台，把另一个活塞放在他的头上，然后两个人扔来扔去。”

记住好的表演是即使只是阅读电话号码簿，也会使观众得到享受。当你在和一大帮观众交流时，会有很多“电流”划过。使用这些“电流”，使演讲辉煌起来。

诀窍之五：精彩地开始

第一印象很重要。演员们知道他们必须尽快抓住观众。所以他们“精彩地开始”——他们的精神一开始就很高昂。作为演讲者，你的充沛的精力能够激发和鼓舞他们，你必须开始就这样。

很多演讲者建议，“强有力地开场。”这并不意味着你开始时要尖叫或在台上跳来跳去。适应观众的精神状态，开场是比他们稍高一点，如果他们精神实在低迷，不要显得过于兴奋，这样会把他们吓跑的。

卡耐基通常以一个故事开场，快速地尽可能多地吸引观众，这样一来他们就会抓住故事进行中的场景、气味、热情和感觉等等。当然他也曾见过演讲者用半小时来热身，他的观点是——你会失去观众，如果你花过多时间来热身。

诀窍之六：保持敏锐

伟大的演员都是敏锐的反应者。他们一秒钟都不停。这意味着他们保持神经高度敏锐及紧张，不会去期望由另一个演员会去处理。杰克·尼克尔森的表演尤为激动人心，是因为他对其他演员的反应是很自然的，而不是事先计划的。

不要像我们曾经见过的那些演讲者一样，总在他的演讲中某些地方故意停上几秒钟让观众笑——而不管他讲得是不是好笑。那样就很傻了。让你的神经对你的演讲中的每件事都保持敏感，相应地调整你的演讲。

“‘魔术’是自然地发生的，”魔术师刘成认为，“对观众进行反应。通常我最好的素材是取自演讲中正在发生的东西。我的演讲不是固定在一个轨道上的火车——它更像冲浪，这样或那样移动，甚至有时往下倒！”

导演周可也认可这样的观点，“我脑中有一个大纲，但是我从来不知道我要说什么，因为我喜欢吸引观众。”他解释道，“当你问观众问题时，你可能会得到你没有期望到的答案，这时你会去处理它。我一些最好的思路是从观众中来的。”

诀窍之七：多样化

任何东西若总是用同样的方式表达都会显得很无聊。演员把一段场景分成几个部分，每一部分都互有不同。演讲者要致力于强调、移动、声音、精神层次、素材等等。

你能在你的演讲的组织中加入多样性，例如，故事—过渡—故事—主要观点—故事等等多样性能在你的声调和声高中体现。停顿也是一种多样性。不要忘记在你肢体语言中建立多样性。

卡耐基曾说，“演讲者的敌人是重复。”记住，你的观众的注意力很短暂。多样性是一个抓住观众的有效方法。

诀窍之八：冒险

你记得影片《密苏里假期》马龙·白兰度演的“老奶奶”吗？愿意冒险使这位伟大的演员凸显出来了。这对演讲者也是一样的。“和观众在一起的时候要显得真实，但有时候你必须愿意从冲浪板上摔下去。”

诀窍之九：对你的选择负全责

当白兰度穿上戏服，在影片《密苏里假期》变成“老奶奶”时，就没有退路了。演员要进行有趣的选择，然后对其负全责。

对演讲者来说，负全责意味着，“对我的信息及其对观众职业的影响力充满热情和信心”，记住你要对你的信息和你的选择负全责。

诀窍之十：你的放松在于你的专注中

如果演员的思路可以允许自由漫步，他会专注于他的紧张神经。演员通过他们专心地准备、看剧本、和其他演员讨论可以得到放松。演讲者可通过专注他们的意愿、客户、观众、定制的细节、室内的设备等得到放松。

很多演讲者通过会见和问候观众、分发材料、演讲前和观众交谈而得到放松。Peter 通常很专注于他的观点，他曾说过：“当我得到越来越多的观众的信息时，我意识到对我重要的对他们就未必重要。”他承认，“所以我专注于重新按主次先后排列我的观点。”

不要期望不通过努力就能赢得你的奥斯卡奖。新演员常提醒为他们欢呼的影迷，他们需要多年的努力才能得到“显赫的成功”。

“表演技巧是吸引人的，而且简单易用，但如果他们没有融入你自身自然的演讲风格的话，你会冒险，失去真实性，变得生硬刻意。”如何避免？你必须练习，观察反馈，直到确信你演讲中的表演技巧已经没有痕迹看不出来为止。如果正确使用，这十个诀窍会帮助你在舞台上做好你自己。他们会帮助你表现得自然和生动，会帮助你引导你的观众。所以，就像在演艺圈中的说法，把蛋打碎，破壳而出！

第十四章

打动人心的沟通策略与技巧

保持缄默的说服力

大家都认为既是说服，当然就得凭借好口才。其实，偶尔采取沉默战术同样可以达到说服的效果。沉默可以引起对方注意，使对方产生迫切想了解你的念头。以下我们就来看看一个沉默利用成功说服的例子。

一家著名的电机制造厂召开管理员会议，会议的主题是“关于人才培育的问题”。会议一开始，山崎董事就用他那特有的声音提出自己的意见。

“我们公司根本没有发挥人才培训的作用，整个培训体系形同虚设，虽然现在有新进职员的职前训练，但之后的在职进修却成效不彰。职员们只能靠自己的摸索来熟悉自己的工作，很难与当今经济发展的速度衔接在一起，因而造成公司职员素质水平普遍低落、效益不高。所以我建议应该成立一个让职员进修的训练机构，不知大家看法如何?”

“你所说的问题的确存在，但说到要成立一个专门负责培训职员的机构，我们不是已经有 OJT（On the job Training，职员训练）了吗？据我了解，它也发挥了一定的功用，我认为这一点可以不用担心……”

“诚如社长所说，我们公司已经有 OJT 组织，但它是否发挥实际作用了呢？实际上，职员根本无法从中得到任何指导，只能跟着一些老职员学习那些已经过时的东西，这怎么能够将职员的业务水平迅速提升呢？而且我观察到许多职员往往越做越没有信心，越做越没干劲。所以，我认为OJT的功能不彰，所以还是坚持……”

“山崎，你一定要和我唱反调吗？好，我们暂时不谈这个话题，会议结束后，我们再做一番调查。”

就这样，一个月后公司主管们重新召开关于人才培训的会议。这次社长首先发言。

“首先我要向山崎道歉，上次我错怪他了。他的提案中所陈述的问题确实存在。这个月我对公司的OJT进行了抽样调查，结果发现它竟然未能发挥应有的功效。因此，今天召集大家开会是想讨论一下应该如何改变目前人才培育的方法，请大家尽量发表意见吧！”

社长的话一出口，大家就开始七嘴八舌地提出建议，但令人奇怪的是，这一次山崎董事却始终一语不发地坐在原位，安静地聆听着大家的意见，直到最后他都没说一句话。

会议结束以后，社长把山崎董事叫进社长办公室晤谈。“今天你怎么啦？为什么一句话也不说？这个建议不是你上次开会时提出来的吗？”

“没错，是我先提出来的。不过上次开会我把该说的都说了，其实那无非是想引起社长你对这问题的重视罢了。现在目的已经达到，我又何必再说一次呢？还不如多听听大家的建议。”

“是吗？不错，在此之前我反对过你的提议，你却连一句辩解也没有。今天大家提出的各种建议都显得很空洞，没有实际的意义，反倒是你的沉默让我感到这个问题带来的压力。这样吧，这件事就交给你去办好了！从今天起由你全权负责公司的人才培训工作。请好好努力吧!”

在特定的环境中，缄默常常比论辩更有说服力。我们说服人时，最头痛的是对方什么也不说。反过来，如果劝者什么也不说，对方的错误意见就找不到市场了。

不同的缄默方式有不同的作用，运用时必须恰到好处。

咄咄逼人的缄默能使人不攻自破：有一个出生在有一定教养家庭的小学生，一天他拿了同学一件好玩具，晚饭前回来，装出一副若无其事的样子，同往常一样笑吟吟地说：“妈，我回来了!”缄默。“姐，我饿了。”缄默。“怎么了?”缄默。“我没做错事啊!”也是缄默。妈妈眼睛瞪着他，姐姐背对着他，全家都冷冰冰地对待他。他终于不攻自破了：“妈，姐，我错了……”

平平淡淡的缄默能发人深省：有些人态度很积极，但发表意见时不免有些偏颇，直截了当地驳回，又易挫伤其积极性，循循诱导又费时，精力也不允许，最好的办法便是平平淡淡地缄默。他说什么，你尽管听，“嗯”“啊”……什么也不说，等他说够了，告辞了，再用适当的不带任何观点的中性词和他告别：“好吧!”或“你再想想。”别的什么也不说。如此，他回去后定然要竭思尽虑：“今天谈得对不对？对方为什么不表态？错在哪里?”也许他会向别人请教，或许会自己悟出真谛。

转移话题的缄默能使人乐而忘求：对要回答的问题保持缄默，而选准时机谈大家的热门话题并引人入胜，使对方无法插入自己的话题，且从谈话中悟出道理，检讨自己。

义无反顾的缄默能使人就范：某领导有一次交代属下办一件较困难的任务，当然，他能胜任。交代之后，对方讲起了“价钱”。于是该领导义无反顾地保持缄默，连哼也不哼。困难如何如何大，条件如何如何差，时间如何如何紧，对方说着说着就不说了，最后说了一句："好，我一定完成。"

沉默是金，有时沉默不语能够出奇制胜，如果滔滔不绝，反而有理说不清。

有时候，在沉默的同时以另一种行动的方式来代替口头表达，说服的效果是妙上加妙的。

就拿作为领导来说，其行动对他的部下必然产生很大的影响，因此，领导要有身先士卒、上最前线的风范，以推动工作的开展。

建立起西武王国的康次郎曾经多次教育他的儿子——长大后成为日本西武铁路公司总裁的堤义明说：

"要让职员们跟随你，你必须要比别人多干三倍的工作。"

康次郎是以他的经验教育经营者应该具有的态度，这句话也同样适合于任何一位担任领导和主管工作的人。

要想别人做到，首先要自己带头去做，"比别人多干三倍的工作"比使用任何语言更具说服力。

"身体力行是说服部下的先决条件。"

光说不干，指手画脚，是绝不可能充分说服部下开展工作的。俗语说得好："说一千，道一万，不如自己干一干。"自己率先实行的态度，比对部下讲大道理更具说服力。此种无言的说服是最好的说服。

以谬制谬巧劝服

在说辩中抓住对方命题中隐蔽的荒谬点，加以推衍，由此及彼或由小到大或由隐到显地得出荒谬可笑的结论，从而证明对方的论点是错误的。这种顺言逆意的说辩谋略，在逻辑上属于引申归谬。虽带有某种讽刺意味，但多是善意的。

优孟是楚国的艺人，身高八尺，喜欢辩论，常常用诙谐的语言婉转地进行劝谏。楚庄王有一匹心爱的马，每天给它穿上锦绣做的衣服，让它住在华丽的房子里，用挂着帷帐的床给它做卧席，用蜜渍的枣干喂养它。结果马得肥胖病死了，于是庄王让臣子们给马治丧，要求用棺椁殡殓，按照安葬大夫的礼仪安葬它。群臣纷纷劝阻，认为不能这样做。庄王急了，下令说："有谁敢因葬马的事谏诤的，立即处死。"

优孟听到这件事，走进宫门，仰天大哭。庄王吃了一惊，问他哭的原因。优孟说："这马是大王所心爱的，堂堂的楚国，只按照大夫的礼仪安葬它，太寒碜了，请用安葬国君的礼仪安葬它吧。"庄王问："怎么葬法？"优孟回答说："我建议用雕花的美玉做棺材，用漂亮的梓木做外椁，用枫树、豫樟各色上等木材做护棺，发动士兵给它挖掘墓穴，让年老体弱的人背土筑坟，请齐国、赵国的代表在前面陪祭，请韩国、魏国的代表在后头守卫，要盖一所庙宇用牛羊猪祭供它，还要拨个万户的大县长年管祭祀之事。我想各国听到这件事，就都知道大王轻视人而重视马了。"庄王说："我的过错竟然到了这个地步吗？现在该怎么办呢？"优孟说："让我替大王用对待六畜的办法来安葬它：堆个土灶做外椁，用口铜锅当棺材，调配好姜枣，再加点木兰，用稻米作祭品，用火光做衣服，把它安葬在人们的肚肠里吧！"庄王当即就派人把死马交给太官，以免天下人张扬这件事。

用归谬方式使说服对象认识原来观点的错误，还可采用这样一套方式，即先提出一些问题让对方谈自己的见解，即便对方说错了，也不要急于直接指出，而要不断地提出补充的问题，诱导对方由错误的前提推到显然荒谬的结论上，使之不得不承认其错误，然后再设法引导他随着你的正确的思维逻辑，一步一步通向你所主张的观点，达到劝导说服的目的。

鲁迅的文章尖锐犀利，讽刺国民党的封建文化常采用这一手法，最经典的便是笑斥“男女大防”。

有一次，国民党政府的一个地方官僚禁止男女同学、男女同泳，闹得满城风雨。鲁迅先生幽默地说：“同学同泳，皮肉偶尔相碰，有碍男女大防。不过禁止以后，男女还是一同生活在天地中间，一同呼吸着天地间的空气。空气从这个男人的鼻孔呼出来，被那个女人的鼻孔吸进去，又从那个女人的鼻孔呼出来，被另一个男人的鼻孔吸进去，淆乱乾坤，实在比皮肉相碰还要坏。要彻底划清界限，不如再下一道命令，规定男女老幼，诸色人等一律戴上防毒面具，既禁空气流通，又防抛头露面。这样，每个人都是……喏！喏！”鲁迅先生一面站起来，模拟戴着防毒面具走路的样子。当时逗得大家笑得前俯后仰，事后又引起大家深深的思索。这固然是由于他采取了讽刺和幽默的形式，更重要的，还因为他揭开了矛盾，把大家的思想引导到事物内蕴的深度。

还有一次是鲁迅任厦门大学教授时，校长常常克扣教学经费。这钱不能花，那钱没有预算，再一笔钱又可以不花。老是这样刁难师生，弄得大家意见很大。

这天，校长又决定把经费削减一半。他把各研究院的负责人和教授们召集起来。一说出削减方案，马上遭到教授们的反对。大家说："研究经费本来就少得可怜，好多科研项目不能上马，正进行的一些研究工作也日子难熬，不能往纵深发展。再说，许多研究成果、论著因没钱不能印刷，再削减经费怎么得了？不行，不行！"校长根本不认真倾听教授们的意见，他强词夺理，说："对于经费问题，你们没有发言权。学校是有钱人掏钱办的，只有有钱人才可以发言，在这个问题上应充分重视有钱人的意见。"

校长话音刚落，鲁迅霍地起身，从长衫里摸出两个银币："啪"的一声放在桌上，说："我有钱！我有发言权！"接着，他力陈经费只能增加不能减少的道理。论据充分，思路严密，无懈可击，驳得校长哑口无言，只得收回主张。教授们胜利了。

鲁迅先生在这里巧妙地将校长所说的"钱"（即财富，广义的钱）偷换成一分二分的零花钱的狭义的"钱"，从而以两个银币的"钱"为引子提出了自己的理由，使校长无话可说。 巧以对方的谬论"只有有钱人才有发言权"，将自己的"小钱"掏出来拿到发言权，既诙谐，又讽刺，又能把意见表达出来，鲁迅不愧为一代大文豪。

以谬制谬实际上是攻守易位，是将对方的观点为我方所用，再用对方观点攻对方，即攻和守的角色转换。

层层剥笋劝服法

笋在成为竹子之前，是有多层外皮包裹的，剥笋时总得一层层地剥开，才能剥到所需要的笋心。所谓层层剥笋，就是在说服他人的过程中紧扣主题，从一点切入，由小至大，由远至近，由浅到深，由轻到重，逐层展开，直至揭示问题的本质，进而达到引诱对方就范的说服方法。恰当地运用层层剥笋术，可使我们的论证一步比一步深化，增强我们语言的说服力量。

有一天，孟子觉得齐宣王没有当好国君，于是对齐宣王说："假如你有一个臣子把妻子儿女托付给朋友照顾，自己到楚国去了，等他回来时，他的妻子儿女却在挨饿、受冻，对这样的朋友该怎么办呢？"

齐宣王不知道孟子的用意，于是非常干脆地回答说："和他绝交！"

孟子又问："军队的将领不能带领好军队，应该怎么办呢？"

齐宣王也觉得问题太简单，于是以更加坚定的口气回答："撤掉他！"

孟子终于问道："一个国家没有治理好，那又该怎么办呢？"

齐宣王这才明白了孟子的意思——国家治理不好，应该撤换国君。虽然齐宣王不愿接受这种观点，但是在孟子层层剥笋的巧妙言说之下，也只有忍受这种观点了。

复杂难说的事要由浅入深地论证说明，假如孟子一开始就提出第三个问题，齐王肯定要愤怒。我们在劝说领导的时候可以使用这种方法。

战国时，楚襄王是个昏庸的国君。大夫庄辛直言进谏，楚襄王非但不听，还训斥庄辛是“老糊涂”。庄辛只好离开，到了赵国。不久，秦国占领了楚国大片的国土。楚襄王有所醒悟，于是把庄辛找回来商量对策。

庄辛于是变直言进谏为层层剥笋，连设四喻，从小到大，由物及人，层层递进，步步进逼：

“蜻蜓捕食虫子，自以为很安全，却不知道小孩子用粘胶捕捉它，一不留神就会成为蚂蚁的食物。黄雀俯啄白米，仰栖高枝，自以为无患，谁知公子王孙将要把它射下，调成佳肴。天鹅直上云霄，自以为无患，谁知射手要把它射下来，做成食物。蔡灵侯南游高丘，北登巫山，饮茹溪之水，食湘江之鱼，左手抱了年轻的美女，右臂挽着宠幸的姬妾，不以国政为事，哪知道子发受了楚王之命要把他杀掉。大王您左边有个州侯，右边有个夏侯，御车后跟着鄢陵君和寿陵君，食封地俸禄之米粟，用四方贡献的金银，同他们驰骋射猎于云梦之间，而不以天下国家为事。您不知穰侯正接受了秦王的命令，他们的军队要占领我们的国家，把大王驱赶到国外去呢！”

一席话，听得楚襄王“颜色变作，身体战栗”，到了非纳谏不可的境地。

战国时期，说服秦王破六国合纵从而兼并天下的张仪采用的也是层层剥笋的方法，至此，秦王才有了趁胜统一中国的决心。

张仪认为秦国缺乏远大的战略眼光，不能抓住大好战机，穷追猛打，使山东诸侯得以喘息，卷土重来，合从攻秦，以致出现六国“当亡不亡”，秦国“当伯（霸）不伯”的局面。为了促进秦国统一中国的大业，张仪向秦昭王献策说：

“我听说，天下诸侯——赵与北方的燕、南方的魏，联结楚，拉拢齐，又纠合残余的韩，结成了合纵的局面，将要向西来与秦国对抗，我私下里讥笑它们不自量力。世上有三种导致灭亡的情况，而山东六国都具备了，大概说的就是它们的合纵吧！我听人说：‘混乱的国家去进攻安定的国家，就会灭亡；邪恶的国家去进攻正义的国家，就会灭亡；倒行逆施的国家去进攻顺天应人的国家，就会灭亡。’现在六国的财物不足，粮仓空虚，他们即使出动全部的士民，扩大军队至几十万、上百万，临战之时，前面有敌人雪亮的刀剑，后面是自己一方斩伐逃兵的斧质，可是士卒还是纷纷后退不肯死战。不是他们的百姓不能死战，而是六国的君主不能够使百姓死战。该奖赏的不给奖赏，该处罚的不处罚，赏罚都不能兑现，所以百姓不肯拼死作战。

“现在秦国颁发号令，施行赏罚，有功无功都视其业绩而定，没有偏私。秦人虽说从小生活在父母的怀抱之中，生来是不曾见过敌寇的，但是一旦听说打仗，便跺脚脱衣，踊跃参战，冒着敌人的刀剑，踏过地上的火炭，决心拼死，勇往直前的人到处都是。决心拼死和贪生怕死是不同的，秦国士民能做到决心拼死，是因为秦国提倡勇敢。因此，一个可以战胜十个，十个可以战胜百个，百人可以战胜千人，千人可以战胜万人，有一万人就可以战胜天下诸侯了。现在秦国的土地，截长补短，方圆数千里，威名远扬的军队数百万，再加上秦国号令赏罚严明，地理形势有利，天下各国没有哪个比得上。凭借这些有利条件对付天下诸侯，统一天下是很容易的。由此可知，只要秦军出战，没有不获胜的，进攻没有不能攻下的，抵挡的敌人没有不被打败的。按说一战就可以开拓国土几千里，可以建立很大的功劳。可是眼下军队疲惫，百姓困苦，积蓄用尽，土地荒芜，粮仓空空，周围的诸侯不肯臣服，霸王的名声没有成就，这没有别的原因，是因为谋臣没有尽忠的缘故。

“而且我听说，‘诚惶诚恐，小心戒惧，就能一天比一天谨慎’。只要做到谨慎地选择达到目的的途径，就能够统一天下。怎么知道是这样呢？从前，纣做天子，统帅天下百万将士，向左饮水于淇谷，向右饮水于洹河，淇谷的水喝干了，洹河的水也不流了，用这样众多的军队和周武王对抗。武王率领穿着白色盔甲的3000将士，只经过一天的战斗，就攻陷了纣的国都，活捉了他本人，占据了他的土地，获得了他的人民，而天下的人没有谁为纣哀伤。智伯统帅智、韩、魏三家的军队，到晋阳去攻打赵襄子，挖开晋水淹晋阳，历经三年，晋阳将要陷落了。襄子派遣张孟谈暗中出城，策动韩、魏毁弃与智伯的盟约，得到两家军队的配合，去攻打智伯的军队，捉住智伯本人，成就了襄子的功业。现在秦国的土地截长补短，方圆几千里，威名远扬的军队几百万，再加上秦国号令赏罚严明，地理形势有利，天下各国没有哪个国家比得上。利用这些有利条件是完全可以统一天下的。

“我冒着犯死罪的危险，向您进献的方略可以用来一举拆散诸侯的合纵，攻下赵国，灭亡韩国，使楚、魏称臣，使齐、燕来亲近，使您成就霸王之业，让四邻诸侯都来朝拜秦国。假如大王听了我的主张，一举而诸侯的合纵不能拆散，赵国不能攻下，韩国不被灭亡，楚、魏不来称臣，齐、燕不来亲近，您霸王之业不能成就，四邻的诸侯不来朝拜，大王就砍下我的头在全国示众，把我看作替大王谋划而不尽忠的人吧！”

张仪的陈词慷慨洒脱，逻辑严谨，秦王因此被说动，为天下的大一统拉开了序幕。

运用层层剥笋法进行说服，需要在说服前，把论证方案设计得环环相扣，天衣无缝。如此一来，对方才有可能在我们的说服逐层展开的过程中“束手就擒”。

退一步，进两步

如果你是对的，你要坚持自己的观点，说服别人接受，那么最好试着以一种温和的态度和技巧达到目的。退一步实际上可以让你进两步，这就是以退为进的战术。

在说服对方之前先承认自己的错误，这对于大多数人来说很难做到，然而这确实会有助于使对方就范。

从卡耐基住的地方，只需步行一分钟，就可到达一片森林。春天，黑草莓丛的野花白白一片，松鼠在林间筑巢育子，马草长到高过马头。这块没有被破坏的林地，叫作森林公园。卡耐基常常带雷斯到公园散步，这只小波士顿斗牛犬，和善而不伤人。因为在公园里很少碰到人，卡耐基常常不替雷斯系狗链或戴口罩。

有一天，他们在公园里遇见一位骑马的警察，这位警察迫不及待地表现出他的权威。

“你为什么让你的狗跑来跑去，不给它系上链子或戴上口罩？”他申斥道，“难道你不知道这是违法的吗？”

“是的，我知道，”卡耐基轻柔地回答，“不过我认为它不至于在这儿咬人。”

“你不认为！你不认为！法律是不管你怎么认为的。它可能在这里咬死松鼠，或咬伤小孩。这次我不追究，但下回再让我看到这只狗没有系上链子或套上口罩的话，你就必须去跟法官解释啦。”

卡耐基客客气气地答应照办。

他的确照办了——而且是好几回。可是雷斯不喜欢戴口罩，卡耐基决定碰碰运气。事情很顺利，但好运不长。一天下午，雷斯跑在前头，直向那位警察冲去。

卡耐基决定不等警察开口就先发制人。他说：“警官先生，这下你当场逮住我了。我有罪，我没有借口，没有托词了。你上星期警告过我，若是再带小狗出来而不给它戴口罩你就要罚我。”

“好说，好说，”警察回答的声调很柔和，“我晓得在没有人的时候，谁都忍不住要带这么一条小狗出来溜达。”

“的确是忍不住，”卡耐基回答，“但这是违法。”

“像这样的小狗大概不会咬伤别人吧。”警察反而为卡耐基开脱。

“不，它可能会咬死松鼠。”卡耐基说。

“哦，你大概把事情看得太严重了，”他告诉卡耐基，“我们这样办吧。你只要让它跑过小山，到我看不到的地方，事情就算了。”

卡耐基没有花很多工夫再说服对方放他一马，他只是抢先道了歉，主动承认了错误，对方就妥协了。凡人都希望得到尊重与重视，卡耐基让那位警察获得一种重要人物的感觉。

退一步的目的是为了进两步，先表同感是为了进而诱导说服。

对方正发表高见时，你不妨频频点头以表同感，使对方感到你与他属同一道上的人，即使你提出或多或少的异议，他也不会在意，于是，你便可一步步将对方诱入自己的圈套，最后，对方已不知不觉地将自己整个看法推翻。

若一开始便与对方唱反调，反而对自己不利。

会议在进行时往往都会有争论的情况发生，当双方争论得面红耳赤时，争论的重点已非原来的论据，而转为为争论而争论的情况。如果某方以正面反驳，对方是绝不让步的，最终闹成了僵局。此时不妨运用“推不成，拉却成”的方法试试。

如某会议的与会者分成了两派系，甲方赞同的是A策略，乙方赞同B策略，双方正僵持不下时，甲方突有一人发表了较客观的论点，说：

“仔细推想起来，B策略也有它的好处，并非一无可取。”

听了甲方如此一说，乙方立刻便有一名代表起立说：

“说实在的，A策略确实相当不错，是有其利用价值的。”

于是双方局势已趋缓和，同时 A、B 两策略也同时被采用了，并且甲乙双方也互相道歉言和了事，这就是“推不成，拉却成”的典型例子。

社会上确有许多人并非以论据去做反对，往往是意气用事，强硬说服，为反对而反对，若有一方能稍做让步，对方就会不再反对从而使气氛和缓下来。

又如吵架的一方正欲向对方挥拳时，若对方以和善的语气向他道歉，本欲挥下的拳头顿时失去了目标而缓缓垂下，一场火药味浓烈的争斗也顿时止息。

若有人与你唱反调，不妨以否定自己论调的方式引出对方的赞同。

留心关键，反复提问

一位面容忧郁的太太走进一家心理诊所，还没完全落座就对心理医生说：

“医生，快帮帮我吧，我不知该如何是好了，我就要精神崩溃了。”

“太太，你怎么了，你看起来气色不好。”

“我先生每天都很晚才回家，回家也不理我，问他做什么去了他说是加班，但我有时闻到他身上有香水味，加班还用喷香水？我怀疑他背着我做了什么见不得人的事。”

“你说‘你怀疑’?”

“是，我怀疑。他每天都这样，我已经受不了了。”

“但是你确定吗?”

“医生，是女人的直觉，女人的直觉你懂吗? 而且在男女双方之间，只有男人可以有外遇，可以拈花惹草，女人却不行。”

“你说‘只有男人’可以? 我好像听出了别的什么意思，你能解释一下吗?”

“这很好理解啊，男人什么事做不出来? 在以前，大家都觉得男人在外边找女人很风光，但现在不一样了，男女平等嘛。”

“你的意思是女人现在可以和男人一样有外遇了?”

“我不是那个意思，那可能是气话。我只是想表达，我先生瞒着我做这种事让我很生气，我无法容忍!”

“你是说如果你先生告诉你这件事，你就会允许他这么做了是不是? 而为了表达你男女平等的观念，你也会找别的男人是不是?”

那位太太还想否认，但看到医生坚定的眼神，也只好不情愿地承认了。

故事中的太太和心理医生是第一次见面，太太是抱着埋怨、发泄不满的情绪，却没想到，最后竟然被医生逼问出令人惊讶的不易察觉的真实意图。他是怎么做到的? 只抓对方话里的关键点，着重提问，就可看出对方的端倪。

最开始，医生也不知道对方的真实意图是什么，但是当他听到“我怀疑”“只有男人”等字眼时，他就马上意识到，这是个有企图心的女人。“我怀疑”反映出她主观性比较强，只会去臆想，“只有男人”则似乎透着某种“醋意”：只有男人可以，我们为什么不行？

这句话应该是那位太太的潜台词，她没敢说出来是因为她是抱着让医生出几条对付丈夫的对策的心理来的，根本没想到自己会出问题。她可以刻意掩藏自己的心意，在对话中却不能做到完全的没有瑕疵，不露马脚。医生正是利用了这一点，抓住了对方话里仅有的一些迹象大加追问，终于逼出了她的心里话：丈夫有外遇，我也要有外遇。

不管这是生气时的思想还是蓄谋已久的想法，归根结底被医生问了个正着。女人的心态也由此发生了极大的变化：开始的怨恨、受委屈到后来被点破真实意图后的愧疚和不安。试想一下，如果医生在整个谈话过程中没有抓住对方话里的关键点追问不止，而是顺着她的话听下去、问下去，对方的真实意图还能被挖出来吗？结果很可能就是否定的了。

这给我们一个提醒：两个人初次见面的时候，不管对方有着怎样的身份和地位，也不管他将自己说得多么悲惨，切不可偏听偏信，而是要留意对方话里的关键因素，用一种不得结果不罢休的态度问下去，多问几遍，或许真的能问出不一样的内心，而这些内容才真的可能带你走进对方的心里。

从双方投机的话题谈起

从双方投机的话题谈起，这样做会有很好的效果。 耶鲁大学已经过世的教授菲尔普在小时候就曾经有过这样的经历。

菲尔普 8 岁的时候，有一天，他到姑妈家串门。晚上，一位中年人也到他姑妈家来做客。打完招呼之后，那位先生立即把注意力集中到了他身上。那时候，菲尔普对帆船十分感兴趣，而那位中年人恰好也跟菲尔普有相同的爱好，并且跟他一样，也认为西班牙的帆船是全世界最好的帆船。于是，两个人非常高兴地谈论了许多关于帆船的知识。客人走后，菲尔普依旧十分激动，他兴奋地对姑妈说："这个人真有趣，居然对帆船有这么大的兴趣。"

但是姑妈说的话却让他大吃一惊。姑妈告诉菲尔普，其实那位客人是个律师，而且他本来对帆船毫无兴趣。

"那么，"菲尔普不解地问道，"他为什么跟我谈了这么多关于帆船的话呢?"

"他是一位绅士，"姑妈说，"是一个很有修养的人。他知道谈论让对方感兴趣的事情并且跟对方取得一致的意见，能够使对方感到愉悦，也能够使自己受到欢迎。"

由此可见，即使你是装着对某一个话题很感兴趣，并且跟对方是一样的意见，这对你的社交也是有很大的帮助的，更不用说你真的如此了。

杜甫洛是一个面包公司的老板，他一直在想办法将自己公司的面包卖给一家大酒店，因为这家酒店不但需求量很大，而且在业内很有影响，可以为他们树立一个很好的口碑。四年以来，公司的销售代表差不多每个星期都去拜访一次那家酒店的总经理，而且租用酒店的房间，但是这些措施都失败了。杜甫洛决定改变一下策略。

他搜集到了这家酒店总经理的许多资料，他惊奇地发现这位总经理原来是美国酒店业协会的会员，而且因为热衷于该协会的活动，成了该协会的会长。而杜甫洛本来就对酒店业有着十分浓厚的兴趣，并且一度想要加入酒店业协会。

这一次，杜甫洛亲自拜访酒店总经理的时候，就以酒店业协会为话题开始了他们的谈话。果然，这位总经理对这个话题十分感兴趣，兴致盎然地跟杜甫洛谈了半个小时。这场谈话无疑使总经理非常高兴。在杜甫洛离开的时候，总经理邀请他加入酒店业协会，杜甫洛则愉快地接受了他的邀请。

在谈话中，杜甫洛并没有向他提起关于面包的事情。但是，几天之后，酒店的一位分部经理打来电话，要杜甫洛把面包的样品和价格表拿到酒店去。

“我不知道你们对总经理用了什么高招儿，”那位经理说，“不过，你们确实已经成功了。”

在一开始的时候，从双方投机的话题谈起，不仅能够打开话题，而且会使对方消除紧张和戒备心理。 如果你能够和对方取得一致的意见，对方就会慢慢地接受你，进而接纳你的意见，增进和你的亲密关系。

而如果你选取的只是你自己感兴趣的事情，或者是一个有可能存在较大分歧的话题，那么，你们的谈话就会变得十分糟糕。

按六个步骤表达意思

我们在表达我们的意思的时候，要注意按照一定的步骤。 这样做不仅能够使你有话可说和把话说清楚，而且能够使对方对你的话印象深刻。

大致而言，我们在表达意思的时候，需要按照这六个步骤去进行：

告诉对方你要说的是什么

在结束适当的开场白之后，开门见山地把你要表达的意思说出来。 我们所处的时代是一个快节奏的时代。 因此，说话的人切不可沉溺于那种冗长、闲散的绪论之中。

现在的人们都很忙碌，他们希望说话的人能够以非常直白的语言一针见血地指出他想要表达的意思，而不是以他的主题来设置悬念。

他们希望不必拐弯抹角地得到某种知识，并且已经习惯于那种消化过的新闻报道。他们希望听到的话像麦迪逊大街上的那些广告一样——借助了招牌、电视、杂志和报纸，通过一些简洁有力的词语，把发布的信息告诉人们。他们没有耐心等你结束全部讲话后，再去猜测你要讲的究竟是什么。因此，你只有在一开始的时候就告诉对方你要讲的是什么，这样才能强调你所要表达的意思。

有些说话人喜欢在一开始用那种陈词滥调来引起对方的注意，这类话听起来让人生厌。比如，你应该直接告诉对方，在寒冬时开车需要更加小心。

对你的意思进行解释

当你说出了你想要表达的意思的时候，你需要对其进行适当的解释和说明。你可以进行纯粹的理论上的说明，但更好的办法则是运用实例去说明。这一步骤是对前一步骤的深化、详述和说明，因为仅仅一句话是不能让对方明白你的意思的，而必须加以说明。

要习惯于一开始就把自己要讲的主题用实例的形式告诉对方，通过这个例子，可以生动而具体地说明你想要向对方传达的意思。当然，需要注意的是，所举的例子必须是能够说明这个问题的。如果不合适的话，是会误导对方的。

如果你想要告诉人们的是一个事件，你必须告诉他们人物、时间、地点等要素，而且还应该告诉他们这一事件发生的过程；而如果是一个意见的话，你也要向他们深入地说明你的观点。

如果你想要表达“在寒冬时开车需要更加小心”这个意思的时候，你应该解释说：“我想要说的是，寒冬是我们开车时最需要注意的季节，如果稍不注意的话，我们的生命就会有危险。”当然，如果你的意思一目了然的话，也可以省去这一步骤。

为什么这么说

这个步骤对你来说十分重要，甚至可以说是最重要的，因为每个人都可以有他自己的观点，重要的是你如何去说明、论证这个观点。如果说“是什么”是你的观点的话，那么“为什么”就是它的原因。

卡耐基训练班的某位学员就“在寒冬时开车需要更加小心”这个主题，在进行了许多说明后，又举了下面这个例子：

1949 年冬天的某个早上，我带着我的妻子和两个孩子在印第安纳州沿着 41 号公路开车北上。那时候，车子在镜片一样的冰上缓慢地行驶，我小心翼翼地把着方向盘，因为一点小问题就会使整部车子失去控制。

我们的车子在冰上开了好几个钟头之后，来到了一条较宽阔的马路上。这时候，路上的冰已经被太阳晒得融化了。因为要赶时间，我踩了变速器。其余的车子都跟我一样纷纷加速，似乎每个人都急着赶往芝加哥。孩子们则高兴地在车子的后座唱起歌来。

“忽然，马路的上坡处深入一片林地。车子爬上坡之后，下坡的地方由于被林地的树木挡住了阳光，那里的冰还没有融化。我意识到危险来临了，想减速，但是却已经来不及了。我前面的两部汽车急速地往下冲，我的车子也一样。汽车滑过路肩，停在了一处雪堤之上。幸运的是，车子并没有翻。但是紧跟着我们滑行而下的车子却正撞在了我的车子侧面，我的车门被撞坏了，并且车窗玻璃也纷纷落在我们身上。”

怎么样？ 这段描述是否能够说明他的观点？ 答案无疑是肯定的。 他所举的例子真实又生动，这样的例子正好是我们在论证的时候所需要的。

这个意思怎么样

这个步骤是从对方的角度出发，更进一步地说明和解释你的意思。 也许对方会对你所说的话表示反对，并且提出几条意见来反驳你。 你最好在对方提出反对意见之前，主动想到他们可能会有的意见。

你必须对你的意思进行自我否定，然后去说明这一否定是错误的，并且考虑错在什么地方，这样才能使它更加可靠。 对对方来说，它也才会更加可信。 经不起质疑的意见是不可靠的，并且很有可能就是错误的。 当然，这种思考必须在你准备说话之前就已经做好。

对对方有什么用

许多推销人员说明了他的产品有很多好处，但是似乎并没有成功。 这是因为，他说的固然有道理，但是可能跟顾客根本没有任何关系。 对对方而言，最重要的不是有没有道理，而是这个道理跟他是否有关系。

如果他得不到任何有益的东西的话，那么他一定不会对它感兴趣。 因此，你有必要告诉对方，你说的这个道理跟他有什么关系。你最好是找一个最适当的理由来打动对方，并且让他既同意你的意见，又会在这个意见的指导下去行动。

重复一遍你要说的意思

有些人讽刺说："在你结束你的说话之前，提醒一下那些已经睡着的人们该醒醒了。"说话结尾的作用当然不止如此，但是如果真的有人睡着了，你强调一下你的意思，至少能起到一定的作用。因为在现实中，即使你说得非常精彩，也可能因为对方的才智、知识水平等问题，或者因为你的说话时间过长，你的主要观点已经被他们遗忘了。